Historias encontradas
(1989-2020)
Domingo-Luis Hernández

Colección Baños del Carmen

Domingo-Luis Hernández

Historias encontradas
(1989-2020)

EDICIONES VITRUVIO
Colección Baños del Carmen,
nº 1013

www.edicionesvitruvio.com

Primera edición, 2024

© Domingo-Luis Hernández

© Ediciones Vitruvio
C/ Menorca, nº 44
28009
Madrid
Teléfono: 91 573 21 86

ISBN: 978-84-128750-7-2
Nº: 1. 671

La intención poética

Una declarada intención poemática preside la estructuración y la *dispositio* de los textos poéticos que Domingo-Luis Hernández reúne bajo el título de *Arbusto en el pantano* y que, por esta misma razón, exigen una referencia articulada. Se trataría de individualizar, por parte del lector, las singularidades de los poemas, una red de regularidad, unas redes de regularidades cuyo tejido viene dictado por la secuencia y el *crescendo*, tanto temático como *diegético* de la enunciación.

Grandes sombras tutelares —explícitas unas, otras implícitas— presiden el desarrollo de este "viaje textual" que se figura un viaje de autentificación naturalmente problemático, abierto más al desencuentro que al encuentro, oscilante entre símbolos precarios y revelaciones de un oráculo que se expresa con la desconcertante ambigüedad de lo cotidiano, de lo aparentemente insignificante que, sin embargo, adquiere rasgos de híper-significación.

Si el *exergo* "global" de Hörlerlin (en efecto, el libro se abre con una cita de este autor alemán sacada de los *Poemas de la locura*), si el *exergo* [cita] "global" "los ríos parecen llanuras..." nos introduce en el mundo fluido y enajenado de la gran tradición poético-intelectual del romanticismo alemán con sus preguntas radicales, otro *exergo* "parcial" (el que preside el cuarto "tiempo" del libro, esto es, "lamentará las torres de cemento y el talado obelisco" de Jorge Luis Borges, en "*La cifra*"), otro *exergo* "parcial" remite a ese preciso y grande autor argentino, realizando, además, una elocuente coincidencia con el escenario específico del Mar de la Plata (y de Buenos Aires, ciudad en la que el poemario, de ese modo se colige, toma asiento). Lo cual nos hace deducir que ese "los ríos parecen llanuras..." en la cuarta parte se especifica, se concreta en espacio y en actuación sobre el paisaje: de Buenos Aires (ciudad, con lo que ello conlleva) a esas particularidades geomorfológicas de Argentina.

Mas *Arbusto en el pantano* se abisma en otras sugerencias. Porque una figura hace complejo (¿complejo?) al texto de Domingo-Luis Hernández: Milton Mich.

No puedo averiguar hasta qué punto el nombre de Milton Mich (agónica y casi becketiana estampa de la errancia poético-existencial) remite al gran poeta ciego de *Paradise Lost* [John Milton]. Tal cosa se concluye en tanto lo que sí está claro es que el brevísimo y sugerente texto conclusivo ("Más corvo y menos fuerte vi que, en mi casa/amancillada, la habitación era despojos") nace al abrigo de una llamativa intertextualidad quevediana[1].

Ascendencias tan fuertes (a las que se les podría aplicar la figura textual de "la mirada infusa/de un dios de líneas / contrapuestas") enmarcan una enunciación que significativamente se balancea entre la primera y la segunda persona gramaticales, jugando con la consabida ambigüedad de los *shifters* ['cambiadores'] como para insinuar cierta potencial oscilación entre la referencia que, si no me equivoco, hace de Milton Mich una figura de parábola, un emblema de la condición del poeta, por un lado, y de la condición humana, por el otro.

Lo uno, Milton Mich (el poeta) amarra el discurso a la búsqueda (¡la búsqueda!) del decir lírico, aquello que debe/puede constituirse en poema, cual se aprecia en todo el libro; lo otro, la condición humana, es la cláusula, el requisito inevitable. De donde, búsqueda primera-tercera parte; conclusión, cuatro.

Si vale esta hipótesis, la interacción entre la primera y la segunda persona gramaticales reduce la tercera persona a algo así como "categoría-resto", según el brillante planteamiento de Harold Weinrich[2] y, sin embargo, la tercera persona es la que crea el telón de fondo, la que preside una intencionalidad evocativa que, en la cuarta parte, "El talado obelisco", se dilata jugando dialécticamente con la primera persona y propiciando su lenta pero segura progresión, una progresión de gran eficacia, favorecida por el ritmo largo y envolvente del verso libre apoyado en el hexámetro que se dicta a sí mismo sin leyes, enmendado a sus pausas, su prosodia y en el que la utilización sagaz del encabalgamiento quiebra y recompone en pos de un flujo discursivo "libre" de nombre y de hecho.

Así imagino que el énfasis puesto en la cuarta parte del libro contiene de por sí, sin ulteriores especificaciones, un juicio de valor. No obstante, calculando el ya mencionado carácter poemático (no macro textual, según otro punto de vista) de la obra, resulta clara la imposibilidad de separarla de un conjunto del que constituye el momento cumbre. Si calculamos el coste de la introducción ("Overtura"), se nos antoja que *Arbusto en el pantano* se constituye en un "cuarteto", tanto en el sentido musical primario[3] como en el desarrollo poemático que viene inseparablemente unido a los *Four Quartets* [T.S. Eliot], tan brillantemente reactualizados, incluso en sus valores de simetría numerológica, por el magnífico y casi desconocido poeta y antropólogo portugués nacido en Londres Ruy Cinatti, autor, entre otras cosas de los *Sete septetos*. Por ejemplo, la ya señalada dilatación del verso libre *largo*, en la cuarta parte, adquiere un valor que diríamos contrapuntístico frente al verso libre *breve* que constituye la dominante métrica de las tres primeras partes del libro en las que, sin embargo, no faltan, aunque esporádicamente, versos medios e incluso buenos endecasílabos. Igualmente en la cuarta parte no faltan versos medios e incluso breves. El último texto, por ejemplo, disimula (¿o más bien evidencia?) las resonancias léxicas quevedianas en una línea métrica quebrada en la que en dos casos —"amancillada", "despojos"— el verso se identifica con la única palabra gramatical.

Coherentemente con ciertos postulados de la modernidad poética, heredados también de la postmodernidad, si es que tal concepto tiene sentido (cosa de la que somos siempre más los que dudamos), estaríamos en un mundo poético en el que las simetrías y las regularidades "formales" contienen en su ámbito la posibilidad de sus contrarios y desarrollan esta posible polarización casi como un arco voltaico. De ahí que el intérprete, siempre y cuando quiera ser fiel a su papel de "criada respondona" de la creación literaria, tenga que volverse sobre síntomas, sobre evidencias que siempre se corre el riesgo de cargar hermenéuticamente, es decir, el riesgo eminente de la interpretación del texto.

Me ceñiré a uno de estos síntomas y pondré en paralelo contrario los dilatados hexámetros (o hiperhexámetros) de la cuarta parte como una situación opuesta que se ampara bajo el signo de la *tmesis* [encabalgamiento léxico], un signo triunfal, por lo menos desde Ennio. El lugar textual de la *tmesis* es "III, La cifra, 1", de la segunda parte, donde las palabras se descomponen en el cuerpo estrófico central llegando a despedazarse hasta el *verso-sílaba*:

Aquel día levitó sobre ti
el espectro
vientos mil extraños

te asieron transparente

arac
nido
enre
dado
sol
faico   clari
nete   de la noche
turbaron mis sueños
tempes
tuo
sos

10

entonces te vi
morena
da de fuego
tus mamas
inseniles lubricantes
tu pubis feticida
el coito mortal al infinito

Y en la cuarta parte, 1:

Fue un largo viaje por la gran llanura
lo que vino a la historia confusa
como
un puente sin agua. El sol por
entre la planicie comida por las
vacas y algún pasto
ennegrecido   por   la   humedad
cegaban la penumbra
del convoy sobre hierros candentes.
Los pájaros

Etc.

En el intervalo que va desde el *verso-sílaba* al *verso-río* de la cuarta parte se definen las coordenadas de "tiempo" (entiéndase "tiempo" del texto, con todo lo que este concepto conlleva) sobre las que se asienta este sugerente "cuarteto" de Domingo-Luis Hernández con sus Esfinges huidizas, con sus Enigmas, con su Mundo de referencias a veces detallado hasta la extenuación, a veces elíptico hasta la *autocomunicación*. Y, aún cuando el polo de la *autocomunicación* parece apoderarse del ritmo profundo de la enunciación textual, convendrá no olvidarse de que, ahora y siempre, *Je est un autre* [*Yo soy un otro*]. Que luego este *Je/autre* adquiera el disfraz de Milton Mich es una conjetura a la que el lector difícilmente podrá sustraerse.

1 La referencia a Francisco de Quevedo se encuentra en el soneto "Salmo XVII", primer terceto. *Nota del editor.*

2 La concepción de Harold Weinrich de "categoría-resto" se encuentra en su concepción teórica sobre los Tiempos de la narración. *Cfr.,* por ejemplo, *Estructura y función de los tiempos en el lenguaje* o *Tempus. Nota del editor.*

3 El cuarteto musical implica considerar, por un lado, la agrupación de cuatro instrumentos o cantantes en una obra y, también, una tarea compuesta para ser interpretada por un conjunto de esas características. *Nota del editor.*

(Este escrito fue publicado originalmente en *La Página*, año III, número 3, 1991, pp.107-109.)

Alberto Giordano

Historias encontradas

Per l'amor dei poeti
Principessa dei sogni segreti
Nell'ali dei vivi pensieri ripiti ripiti
Principessa i tuoi canti
Dino Campana
Canti Orfici

Libro I
Taller de tránsfugas
[1989]

para Héctor

Solamente quedaba Acestes que, aunque ya tenía perdido el premio, disparó su dardo a los cielos haciendo gala de su arte y de su arco sonoro. Entonces se descubrió a los ojos un prodigio súbito: la flecha, mientras volaba en medio de las nubes, comenzó a arder, marcó con una estela de fuego su trayectoria y desapareció consumiéndose en la brisa sutil.

Virgilio
Eneida, V, 721-734.

1
la piel

Obertura

ni el hombre se agota con la demencia ni es fútil
la bruma de misterio que lo cubre. es un ímpetu
brutal lo que impregna su astucia, un síndrome que
clama el furor encendido de prisión y de fuga.
Minos proyectó la isla de los destrozos, el laberinto de
efigies y de aves, de almas sin privilegio,
de trazos curvos, de rumbos sin elección ni prioridad,
de vástagos escurridizos que anidan en el mar la ofensa
del regazo o vibran erigidos entre los pájaros donde
el sol se levanta. la cal inundó el vértigo de los vivos
como carne de huesa. todo lo evanesció la dictadura
y la impiedad. los bosques de pinos gigantes, de helechos,
de musgo fresco y barrancos profundos oscurecieron.
pervivir en los círculos como animal furioso que
se muerde la cola era el destino. Dédalo fue el arquitecto
genial que combinó el recelo con el castigo y el delirio;
su laberinto, construido a la mensura del autócrata,
era tan infalible como su ingenio. pero el orden humano
es caótico, el fuego de los amantes contagió al
detenido que urdió la revisión de la trama. la prerrogativa
de ser el más intenso de los mortales en construir
desafíos a las imposiciones ampara su desdicha.
los amantes huyeron a gozar de otras horas,
del pasto primitivo, a colmar sus impulsos.
Minos llora el error, la prevención, el hábito
senil. la potestad de la autocracia es la tragedia,

del dolor la venganza, de la furia el terror. desnuda
su osadía y se descubre vacuo, falso y compungido.
escruta el contorno y opta por azotar a aquel de los
mortales que propició la afrenta. Dédalo y sus artes de mago
vencerán la cárcel y el destierro, el amo del
claustro pagará el soborno. Por el mar, por el aire
copará el delirio, Creta en el saldo. Mas, ay, el inexperto
Ícaro querrá acariciar el sol confiando en la pasión y
en las alas de cera; su quimera se expresará con la muerte
cantada en un suspiro. Minos dará honor a la siembra
con la cal de sus huesos sin más encanto que el rencor
triste. Dédalo se obstinará en descifrar el pasado
en las cumbres de las islas conclusas, imprecando al destino
mortal que se confundirá con el polvo fecundo de esta

tierra.

1

trochas de agua sorbe la roca
degollada, hilos de espuma,
garras armoniosas que azuzar ven
el mar como el delirio.

el sol, vigía prometeico,
custodia el movimiento,
senderos diminutos derraman
la alegría de las brechas.

un pez sin agallas
muere en la pleamar,
el nylon lo domina,
las escamas se yerguen.

augurio es
de un abrazo infundado
pues si el mar
parte como la tarde

también su aroma de estertores
dispersos verá
el lumen del placer
y de la muerte.

las rocas se deslizan
en la telaraña de espuma
y canta el ciego en la noche
pérfidas historias de guerreros

valientes. el héroe derrama
el desaliento como pez
encendido contagiando
el despecho sobre el agua.

los animales celebran el festín,
el frío ronda el límite
de callaos y piedras,
la luz gira entre gritos

para anudar azules, rojos
y sombríos violetas.
la arena negra espera.
solo la mar gravita como espectro.

la gaviotas cantarán la mañana.

2

aurora de la noche sombra
callejón sin sentido
a dónde van los cuerpos
que ayer se ignoran
y hoy maduros como frutos
huyen a deshojarse como dinteles
rotos como espinos marchitos

cierto vacío es fauces
y el dolor se goza pues
la noche es un rito
un día entre dos
albas en que amarrar
los goznes de la
breve partida

3

extensa está
es ella
desnuda
          hermosa
incauta
limpia
reina y
astral

le susurra la brisa
plata y dintel escucha
un clamor un viento calmo
y   preso
su oscura rigidez
sonrosada y esquiva
es bronce
recortado con

fulgores de ayer
y un hoy que no
se ignora para
               marchar hundida
llena honda feliz
virgen como los
ojos que ven
               cen
el poniente

4

a dónde vas dragón
¿a esculpir en las sombras
de cal el rumor
de una fuente
que cruza el mar radiante?

remedo es de otros bosques
donde pasta el venero
fragor de hojas limpias
adormecidas fauces
reina derrocha sangre

azul como el destino
lúcido como el hombre
sensual como la hoguera
fresco vergel de ramas
fuente profunda ñame exacto

raíz madura que espía adormecida
la estela del albor como un
susurro lento que esperar
no pudiera el tacto del amante
sobre el ritmo pausado de esta

piel de este ligero
sol que gime entre

la brisa la sombra del
instante el fragor
satisfecho del
                    precisar

5

la noche es un reptil
plegado entre los juncos
violeta y plateada
boca sensual y húmeda
perfumada de escrotos
          de lirios
          y de encantos

6

la noche ingrata
es y oculta
secretos que
transforma con frágil
hermosura cuanto tropel
prolongue en
el valle de siena
cuanta brisa dilate el
murmullo
esperando el insomnio

es ingrata
la noche
para armar
en su sitio isla
amarga
circular y esquiva
el sino
el privilegio
la tragedia
y la ruina

7

una sombra se baña en el periplo
de hojas y canciones de cal.
el héroe soldado del tránsito
surca la eréctil franja de los musgos.

la enjuta luna abre la forma
que rehoga la planicie de miel.
el horizonte agita su límite de cielo
en la depresión de la garganta. el agua

gotea la inocencia vertical
de un cuerpo amante y adivino.
Teseo la contempla con mirada
de astro y la desnuda

ausente como el páramo,
fresca como la noche.
el vino y la fiebre la reclaman,
la fiebre y el vino

deshojan la quietud
como el lamento
libando el néctar suave,
preciso y dulce

8

la espesura
            oh
un verde rubor
señala la dimensión
acariciante
            la espesura

9

ruge el dragón como un estigma
de victoria en el mórbido
solar del cautiverio

Dédalo asciende como argonauta
dibuja la solución en el aire
y grita la derrama

timón de cuatro vértices
de cuerpos circulares
vencerán al malvado

Teseo observa a Ariadna
la protuberancia de su piel
rauda y flamígera

rotunda lejanía mimará
el rumiar perentorio de los vellos
alzados el suave tacto

la desazón de empeine el vientre
de universo donde pastan
los belfos donde posan los labios

ella suspira la nave se aleja
de la orilla venciendo resistencias
recluida en el mástil ve

cruzar olas ausentes y cansadas
agua tras agua bustos
de espuma asaz idéntica

las estrellas degüellan
su naufragio cruza la noche
del lamento vencen y van

en la rotonda y   zas!
se rompe el cordón del fuego
la pleamar retuerce la quilla

el mástil se empareja con la vela
sedienta al viento hinchada
y el gran corazón en azul se

encabrita la cal se aleja
Ariadna se recoge en la espina
del bote Teseo peina las crestas

de la sal
que debe ser
del agua

y quiebra su contorno
para humedecer la piel
tersa de la mujer sin fin

son de nuevo los labios
el semen azuzando
este bello destino

10

el litoral amaneció
lleno de trinos la isla
en el albor se sumergió
con las caricias de su orilla
los peces libarán el néctar
escaso de las rocas
el sol y el despecho bromarán
la estela incontinente
del delirio el horizonte
roto se esqueja en mil colores
los amantes se alejan
y los héroes se esfuman
en la sombra de Creta

2
el esqueje de Ícaro

1

Quinto
¿qué hizo Minos luego de huir Teseo con su hija?
¿acaso el rey permitió la huida de los amantes sin caza?

Syra
el viejo rey airado persiguió la nave
volátil de Teseo y Ariadna, pero en la claridad
fulgente del agua plateada la celeridad del buque
los libertó. el Mediterráneo cantaba en la aureola
de los remos y la isla de la cal los remitió
con la señal de un arcoíris de colores remotos
al contorno de otra costa, al dominio de otro confín
entre los cristales transparentes de la sal
acompañados de delfines silvestres y sirenas.
Minos navegó al revés sin vencer la atracción
de la isla, sin despegar el vuelo. allá los amantes
huyeron de playa en playa a otra ribera,
confundidos por el resplandor de la esfera solar,
el gran sol que se traga su imagen eximida.
corren al rocío de otros verdes donde sueñan
estanques de azahares, depresiones vistosas,
aulagas de otras expansiones, vientos nacientes
de otras especies, marinas altas y glaucas de arena
negra y mares de profunda vertiente, de olas claras
y azules, en otro divisar de opuesto cielo.

2

Syra
entonces el rey airado (consciente
del poder de su destino en la tierra de tiza
que lo atraía) juró venganza en los hijos
permanentes de la isla y mandó recluir
en el confín del laberinto a Dédalo
(maestro de Teseo) y a su descendencia,
Ícaro. porque la estirpe de los maestros
de la pérdida habría de sucumbir en el pasto
de la opacidad, a pico de otro pájaro menos
fugaz y enorme, en la soledad del cautiverio.

3

Syra
pero el padre y el hijo de modo admirable
huyeron también del laberinto

4
La zona del recuerdo

Dédalo perdido con su hijo
en el caos erraba entre
los muros auscultando el tacto
                    de la ceniza

entonces descubrió que la cárcel
del Minotauro estaba construida con su
existencia porque en cada trozo
                    de lava

vertical había depositado tiempo
antes algún trozo de sí. e interpretó
lo que pudo de su antigua soberbia
                    en los cantos

y descubrió su primitiva perfección
de líneas, la fábrica del enredo
y al soto de aquel vértigo
                    entre los caminos

perdidos en la isla habría de considerar
el lejano secreto de la huida, que enhebró
en colas y plumas y cuerdas, el punto
                    de la fuga.

42

5
La ocasión de las nubes

el esfuerzo de descifrar
el sentido caótico de su propio
martirio aceleró el ingenio
del aire porque los senderos
en su *alter* de rotaciones
múltiples cercan la agonía
el reptar de la luz y de las noches

la transparencia cercena el
contacto oblicuo de la piedra
entonces Dédalo alzando la vista
observó el firmamento y se manifestó
la verdad virtual desparramada
en signos del aliento incoloro
el espacio ideal la perentoriedad

la isla del encanto tiene su cielo

6

Ícaro en cambio
recorriendo la cárcel
interroga a su padre
sobre la conveniencia
de distraer la vitalidad
del movimiento creado
terca y saciamente

Dédalo contestó impasible
la polaridad de las
concavidades que fluyen
en rotaciones perfectas
que se cruzan unas en yemas
de nexos a las otras sin
dejar huella los ciclos

esta prisión juega
por la razón presente
y su génesis toda
se superpone a la
conjetura del cambio
la muerte en que concluye
porque el león adormece

cuando el vacío cotejó las vigilias
su corazón se enarmonó astuto
ufano y sin correspondencia

cuando el arrollar de un alma
viva incidió en su misterio
se contrajo la tierra en esclusas
cerradas sobre sí abriendo

nuevos pasos y puertas variando
fauces formas y sentidos
con más vigor que el vértigo
quiero decir (dijo Dédalo) que
la abstracción de esta maniobra
fugaz es la imagen de la naturaleza
misma porque su estado intangible

perece con la cancelación de
nuestra historia su existencia
es la cárcel la vida del reo
tú y yo yo y tú duelo y deseo
Ícaro pues accede impresiona
en sí su joven pena al sol velando
por la muerte vecina cercana muerte

desperdicia su ánimo
y recuerda la faz de los dioses
si los dioses de antaño vuelcan
su incontinencia sobre
nuestra desgracia jamás
regresaremos después de
este lugar de vitales cavernas

7

¿Por qué convocar a los dioses
mientras la quietud cercena el aire?

quien no quiere ayudarse no
merece apoyo de lo eterno

no acampen los temores porque
el concilio de la salvación ya está cobrado

8

Observa el águila que signa
sus círculos acompasados en el claro
tramar del rojo anochecer

dentro de la cavidad perfecta
del gran orbe surca sus plumas
tiembla su pulso al aire y sube

y baja y vuela y descuelga más
allá y lejos sobre las achatadas
cabezas multiformes del martirio

Minos impera en
la atrayente virtud de la isla
su poder irrumpe en el estuco

pero su dominio de ciclos se niega
con el mar y lo etéreo por el aire
venceremos la atracción de los círculos

nadie podrá
          perseguir el aletear
                    de la fuga

9

Ícaro de la altura
tus manos construirán
el mecanismo de la extensión
que no supieron considerar
                    los dioses

10

Dédalo arquitecto de cosas admirables
artista del tránsito dispar trastocará
su propio ingenio

destruirá el misterio con la réplica
ingurgitando rotaciones en los
alaridos de las alas

plumas hebras fuego y cera
así se construye la estación
de los aires

11
Ícaro del sol

Ícaro solvente brevedad del
atrayente cielo combina su
secreto

pese a la inconstancia
Dédalo fijó al hombro del suicida
la amplitud

12

mimetiza la forma de los mayores
prueba a ascender como Dédalo pues
el arte de volar es la difícil conjunción
del círculo la decadencia efímera
y caduca de la recta la adscripción
al impulso del diálogo curvo y
                         disonante

13

Ícaro vuela siguiendo el camino de Dédalo
en la depresión que separa los dominios
maduros de orden absoluto planea en
el centro del soplo entre el cielo y el
mar circulando la tierra quebranta
la superficie siena isla isla espectral
                    del sol y Minos

14

el laberinto desaparece
al palio de las alas eyectas

flush flush suena flush
la brisa en el ungüento de las plumas

dibuja flush el espacio
pero es el sol entonces quien atrae

la razón de la vida e Ícaro ingenuo
cachorro de la cera prendida

trepa hacia su círculo de magia
sobre la cumbre imprecisa de Creta

15

mas
      ay!

la veleidad del aire
la congestión de entornos
diáfanos y fugas se derrumba
en el camino del astro prohibido

ojos son los del padre ciegos
al martirio la voz trémula que afirma
herido el fulgor temerario
y surcando la brisa Ícaro
se funde por voluntad

de su accesorio
débil como esperma
flamante y cae
disperso a tierra
desde el claro del aire

16
Final

Ícaro conquista su derecho
y lo extiende
sobre el rostro insular
que se contempla
en el festín del aura

recuerda su sentido
porque la habitabilidad
de estas cavernas
no se expresa con
esperas sin rumbo

los círculos de rocas
y arena se extienden
en el claustro sin vuelo
ni descanso bajar
y ascender no es la utopía

la herrumbre pudre el pasto
Fénix es el misterio
sucumbir es
alzarse más allá
del osado

Libro II
Arbusto en el pantano
[1991]

Die Ströme sind wie Ebnen, die Gebilde
Sich auch zerstreut erscheinender, die Milde Des
Lebens dauert fort, der Städte Breite
Erscheint besonders gut auf ungemessener Weite.

(Los ríos parecen llanuras, y las formas
surgen más dispersas; prosigue
la suave existencia; la grandeza de las ciudades
germina bien en la amplitud sin límites.)
Friedrich Hölderlin

Obertura

Abrigado a su himno Milton Mich
clama en la voz del cauce,
      dilata el estertor
vagando en la ciudad.
      "El verso es esta línea
dibujada sobre el asfalto
gris".
Se vuelve sobre su incontinencia
la boca
del estuario
y es un dorado pez quien recibe
la piel del torso frío
cimbrado en las agallas
más y más arrasado.
¿Qué estrofa suponer en este
imperio?, ¿cómo albergar la muerte
más allá del suspiro?
La llanura mayor invade el mundo
entero. Cristales rotos
desplazan las pisadas.
La ciudad mira al invitado
y sus ojos alertan
de una benevolencia que no disipa
el miedo.
El exceso restaña los delirios,
el clamor visa la inquietud.
Parques como jardines vio,
jardines como selvas que evitan
el poniente. La humedad alarma
las paredes que
encierran
un tapiz con los líquenes íntegros

que el hombre conoció.
La mano los convoca, los dedos
acarician. Y en el rodeo
mira los edificios
que suben hasta cielo y detienen
las nubes.
Espejos peregrinos ocultan
rostros y repiten
albores. Un gris amarra
la cordura en un sobrio
candil que alumbra
las aceras. Luz
prieta,
esplendor precavido, Milton Mich
los enhebra.
Las calles se detienen,
arguyen un decir,
un bisbiseo afable, un balbuceo
grato cual idioma
de niños.
La noche olvida lenguas,
la soledad se abisma.
El hontanar se nombra
como el nombre del nombre,
una demora herida que brilla
cual luciérnaga sobre el
asfalto gris.
La historia no disuade
el deambular sobre el betún
del piso. Camino de un lugar,
que es un terreno
herido, un laberinto
ciego que encierra
otro lugar,
con calles y más calles,
con parques y más suelos,
caudal inseparable que

el terreno no ciega.
Milton Mich lo visita,
metrópoli del sueño.
Aquí estoy, cuenta
a la luna en una parca bóveda,
y sobre sí suspende el dibujo
gastado, un crepitar de auroras.
Alza la lámpara arriba
de los hombros y el fulgor
la suspende. Al fin y a la par
el mundo
es un parágrafo, sombras
que salvan términos
y vislumbres. Somos
inevitables. El vacío no ronda
el atisbo que desvela
murmullos. La nada
menosprecia
palabras que la asignan.
Abrigado en su asombro
Milton Mich fija
la voz, dilata su estertor
vagando en la ciudad
confundiendo el delirio. "Este
es el verbo,
un dibujo sobre el asfalto
endeble". Se vuelve
incontinente la boca
del estuario y es un dorado
pez quien recibe la piel
del torso frío, cimbrado
en las arrugas
más y más asolado.
¿Qué estrofa suponer en este
imperio? ¿Cómo albergar
la vida más allá

de esta paz que
cabrita y susurra
el camino?

Primera parte

1

Oculto por las sombras su mano
hurga en los estantes.
Indemne mora
el libro en el que dice
por qué yacer no vale
para conmemorar la certidumbre.

"Dios vive,
Ixtlán lo representa"
—escribió el hacedor
e introdujo en su mano
la pasión
de las luces.

Milton Mich fue seducido por el dardo
desde que el tren dejó fijar sus ojos
en los dedos del ciego Eleonoro Kuc-Kusch.
En ese tiempo el invidente izaba su estandarte
en el vientre oscuro de la tierra
y allí combinó

el universo que sus ojos no
ajustan al claro de la acera
con colores de tiza.
¿Habrá de ser su estampa
la orden del incesto, ver y no ver, ver
por trasver?

Reprimió el delirio, arguyó descalabros
que expuso al sol
con su incuriosa fronda para vencerla.

Habita el laberinto
al dotar la hermosura.
Pero su sombra erraba en las borrosas

bóvedas que no amparan
delirios ni luces que confirmen.
Alzó la cabeza en la abertura de la calle,
miró la turba que ve sus pasos por sobre
del cabello, guardó el corazón
entre el enjambre corriendo por la calle Perú

anidado en el cieno de la superficie
y en todas partes el dibujo y en todas
la ceguera del dios que lo dictó,
en todas el reclamo, el nombre
de Eleonoro Kuc-Kusch,
gravado en los andenes.

La gruta, el vientre del delirio,
la sombra del misterio,
oscura y delictiva, acopio de volúmenes
tomados por el polvo,
fórmulas, poemas, epitafios era
la sustancia del ser de aquella especie.

Cruzó el umbral sediento
de respuestas.
"Esta es mi voz;
¿es falsa, es prejuiciosa?".
El páramo creció, los ojos
se lamentan y la estampida rasga el iris.

Los labios hablan y
el marfil dibuja
el cordel del abismo.
Extraña la estamínea el corazón aúlla
herido por la brisa.

64

Un lobo es atrapado en el cristal,

ahíto de razones sobre el pavimento,
colgado en el asfalto.
Un silencio preciso y una
ligera música
acuerdan regocijo
entre los adoquines.

Busco en Ixtlán, la tangible
Ixtlán, el extinto
sendero en que acunar
la existencia y una frase concisa.
Mas las páginas descifran
el desconcierto.

"Rasgar una sola palabra
en que argüir la epifanía"
—oyó la sombra clavada en los estantes.
Pero lo que el dedo de Kuc-Kusch imaginara
no es preciso sendero en que enunciar
lo que buscas. Dibujos y palabras,

negro, gris, cadmio, rojo,
amarillo... y sonidos.
El corazón rompió los lazos.
La quimera dobló
por las esquinas, las paredes
dictaron sus secretos

con frases rigurosas, una ciudad prendida
por la mirada infusa de un dios
de líneas contrapuestas hacia donde
un hombre va. Descubre la inquietud
en vías como espejos, en plazas como
prados, en noches como parques.

Único alzó la vista y vio la nada ascender
por el páramo. El borde dijo adiós.
Milton Mich, farola, pájaro
sobre sí consumido.
¿Cómo hacer del fuego la estela de la brisa
y los primores con que izar

enmiendas al destino,
atenazar la ronda de las cosas
que son vocablos para el
conjuro?
Solo oyó
la voz vagando por la acera.

2

Recuerda las sílabas, la calle
húmeda y violeta,
el soneto que vive entre las flores,
el tic-tac del reloj.

Milton Mich, ya no anda
tu pecho tocado por el rayo,
ni dispone la muerte
sus sentidos.

El silencio, los pasos
en plazas como estambres y el viejo jardín
en que ocultaras la piel
que un día te venció.

Fundirte en este prado,
gozar con la hecatombe de casas
y senderos, rostros que no musitan
palabras que te nombren.

3

Este lugar que habito
embriagado en el borde
en que distraje y vi
el tul, la tarde,
el vano infierno

es la boca que embute otra dura
cavidad por donde abolir
el tiempo, la locura,
ese verso fatídico que desgrana las fauces,
el curso renacido.

¿Vive aquí la indulgencia?
—pregunta.
Y se juega la noche
reptando
entre delirios.

4

Cruzó la metrópoli ingente,
de un suspiro al suspiro. El instante,

el canal, la condena,
una historia que recala
en el fango.

Tardo vivir, tardo existir
más por morir asir el trecho.

Extrajo de la funda el revólver,
apuntó a la sien
y disparó

la espada
para caer extenso

al agua gélida.
Dijo sí con los dedos y el estilete
fijó sobre el asfalto la fatídica enmienda.

Una señal, el mundo entero
que un automóvil vio, tendió

las ruedas y agotó las grafías cual si el destino
tuviera consecuencia más allá de la tela
en el pavimento, del cuaderno extendido

en que grabó la afirmación que era, la aserción que fue
y se llevó la calle entera

hasta otra avenida.
Vio la expresión erguida reproducirse
una y mil veces sobre las líneas de la vía

y sobre los charcos.
¿A dónde va?,

se dijo, ¿en qué hangar tocará la misiva,
en qué garaje, en qué salón?
Como la fuente arrastra el pesar

hasta el río, el río se desarma hasta alcanzar
en el mar su pródigo revés.

Besó el suelo y de su tacto
un abismo cavó,
un sentido postrero por donde el atajo

cede, restringe el vagar de pasos,
de esmeros y funda el esplendor.

5

La fruta de la boca es fuente
que el granate
detiene. Batida recorre el curso
de la historia por donde mana
el vino y muere la elocuencia.

Violentados los dientes, los labios rojos,
las mejillas
al lodo van y los pies
mutilados tiñen de amanecer
la fronda macilenta.

Segunda parte

1

Solo tu mansedumbre
puede apresar el tiempo,

acariciar sus curvas,
sufrir con sus espinos,

ajarse y padecer
clausura como cándida reina

para azotar el cuerpo
y redimirlo.

Solo tu canon;
solo tu marcha escueta.

2

Qué horrible deidad
soñar como un apátrida,
vivir como un prosaico
guardián de la memoria.

Qué perfecta ironía,
llorarnos y liberar el eco
del dulce flujo
y la célibe armonía.

3

Montaña perseguida, cautiverio
de fuego, Absalón va como el día, la noche
en que descansa todo mar infinito.

¿Dónde se halla el fresno, el cielo
idolatrado, aire, suelo y color
para usar su fragancia?

El camino se aleja. La montaña
esculpe al cielo
su caricia de sol.

El atónito anda urdiendo
los presagios, distante y peregrino,
agónico y fugaz.

Montaña, perseguida montaña,
Fénix adormecido,
sudario de pasión.

4

Ni cuando el sol se oculta
y toda incierta luz es negra

      luz

y es forma, islas
imaginadas,

     islas,

puede un dios coercer
su medida cordura,
      isla.

5

En el abismo Milton Mich
discurre por la ojiva, alarga
el hontanar del cielo mortecino
y escuece en su dedo la línea
verdadera para sacrificar
la superficie blanca.

Brisa, mar, cautiverio, agua,
roca, lisonja, rama, negro,
blanco y azul. Palpa y
disfruta el sueño que brindarán
sus noches, si aún le quedan
gestos, después de la deriva.

6

Has rodado en la arena
del suave verso y de la brisa
breve que se expanden
celosos por el dintel
oblicuo de la hoja.
La boca esculpe y clama
la virtud y el incesto,
pues el rastro es impuro
y quien lo saboree
sabe de su inconstante albor,
de su vago delirio.

Tercera parte

La historia

1

Aquí viví,
     vencí
     su rostro
ausente.

Perfume de nardos guarda la
fragancia de la ciudad, su arcana
noche surca las resmas
del agua indemne.

2

No hay noche sin día en este mar
frontera.

Ciega, la superficie se ve
extraña. Y el cielo no es cielo sino fulgor

y tropiezos de ramas y croar de palomas
y vientos desatados.

3

Qué extraño porvenir
encarnan tus ojos,

jardín,

tacto en las hojas
que soplan en lo alto,

auroras,

verdes hermosos,
piel suave, sendero

acuoso

que observo morir en la
esquivez, la piel,

el néctar,

un mar de terciopelo
por sobre el horizonte

quieto.

El personaje

1

Blando mar, cómo susurra el
desenfreno,
qué angustia acallará
esta hecatombe.

2

Ah, mi patria, Milton Mich,
alumbra los párpados,
el cieno de la ruta.

(Descubre el anverso,
enardece su empeño
y evita la luz.
Se pierde
abrazado a madréporas y esponjas
al sur, al este y al oeste.
Un despojo, un mástil
abatido por las tundras
del páramo.
Verde como la espina
de una libélula
que se destroza al sol con tanto estruendo
que la planicie es un débil alarido.)

Un torrente de sílabas rasgó
la comisura de los ojos
y complicó los ascensos al túmulo.

(Asido a un mechón
de su cabello, brillante
como un héroe, escribe
moribundo al pie
del campo en la contienda
el epitafio:
Nada predice nada,
nada ver, nada oír,

nada reconocer más allá
de esta funda de piel
que ulula en el delirio
el nombre que grabé,
el nombre que labré.)

Nada vio, nada oyó, nada que no dijera
sobre sí sobre un otro, nada en nada
grabó. Una luz, una huella.

3

Cada calle que imaginé fue una epifanía,
en cada canto hallé condimentos,
el pasto verde en que asentar las plantas.
Supe de niños, de plazas, de tumbas trotadas

por caballos de acero y un campo de mármol
rasgado por los símbolos. La sombra de los sauces,
el tenue sol de invierno, los ojos de los viejos,
los brazos de los amantes sobre lazos de pies.

También viví con peces de azúcar, el mejor
restaurante, una mujer hermosa, un llano enorme
comido por las vacas. Recuerdo las siluetas,

la línea de un entalle supuesto por la luz,
una ligera mueca fantasmal, un tenue bisbiseo,
una asonada trama acodada en azul.

4

Ah, blando mar, cómo susurra
esta hecatombe, la espina a la intemperie
por sobre el quieto charco,
cálido e incisivo como la arena

negra.

El cauce

1

Oh, dios, esta pasión inmunda,
este sano regusto, este
temblor de piel incapaz
de admitir

que el sexo que ahora
veo se arrastra entre
la yerba clavado
como espino.

2

Desgarré el limo con las uñas
y extraje la figura de este sueño.

Milton Mich, eres tú clavado en la espesura.

Volví a arañar el suelo y levanté
una arista de arena fría.

Oh, amor, colérica, tu voz ruge.

3

La lengua,
la sombra gris del mar
que palpa la estampida por el hosco
sonido de las olas.

Volverá
a recabar su aliento
en la espuma que remece
la espina clavada en la intemperie.

Vuelvo
a vivir en la tierra, el mar bramando
este delirio. En la orfandad de azules,
el viento soslayó las sombras.

4

Recuerda que este recelo,
por quien transita el fango
asado por tu verbo,
es como el firmamento
pendiente de un suspiro.

Adórame, amor,
como hiere el antaño.
Un beso fue a la tarde
aquel desgarro que palpé.
Y anhelé, Milton Mich,

que partes por entre
la ribera para apuntar
las huellas que anudan
andamios en reserva
perplejos en los caminos.

La cifra

1

Aquel día levitó sobre ti
el espectro.
Vientos mil extraños
te asieron transparente.

Arác
nido
enre
dado,
sol
faico   clari
nete   de la noche
turbaron mis sueños
tempes
tuo
sos.

Entonces te vi
morena
da de fuego
tus mamas
vetustas lubricantes,
tu pubis feticida,
el coito mortal al infinito.

2

Fluyen intensos colores.
Un cíclope esboza
el atardecer
de un día entre matices.
Una línea de ungüentos moldea
el agua.
Hiladas de oropéndolas
cavan los filamentos que se agitan,
abrazan
la rama desatada.
Corre la luz
entre los manantiales.

Epítome

Palmas entre las vírgenes,
oasis del Paraná en que enhebrar
la rosa de los vientos,

la fingida delicia de las garras,
el contiguo sinfín de las acequias,
el horadado embrujo de las sienes

hambrientas de canales, de brazos
y de juncos. Tu aullido extremo
siembra de canto el vuelo.

Tigre soy,
arbusto en el pantano,
tarquín de una deriva.

Cuarta parte
El talado obelisco

lamentará las torres de cemento y el talado obelisco
Jorge Luis Borges

1

Fue un largo viaje por la gran llanura
lo que vino a la historia confusa como
un puente sin agua. El sol por
entre la planicie comida por las vacas y algún pasto
ennegrecido por la humedad cegaban la penumbra
del convoy sobre hierros candentes. Los pájaros
corrían por las charcas estuosas
en el Salado, gorjeando la ignición de la brisa,
el silbido del paso entre los juncos y los
nenúfares. Esta música puede segar la marcha hacia
el océano, pensé. Y lo encontré negro,
bronco, frío y desguarnecido.
La Plata da nombre a su silueta. Mar del
Plata —me dije—, y toqué la superficie
gélida. Era él, y acaso la tímida pisada transmitiera
el afirmar a la otra orilla.
Las líneas paralelas aquí se unen.
El aliento llegará hasta el mar claro
del otro continente junto con el esbozo
de mi impaciencia. Túrbida y austral linfa,

insensible como el miedo y obtusa como
la noche, agoto la esperanza de que el perfil
de esta costa, por donde agita su opulencia
el fango del gran río, pueda amparar
mi empeño abierto en el chirrido de los hierros
del tren. No es lo que esperaba, sé decirme
a mí mismo cuando examino la incorpórea
ciudad, el gran arco de luz que emerge en la planicie.
La hoguera se quebranta andando hacia mi
vista soñolienta. Vuelvo, gran corazón, desalentado,
y has de recibirme como a un arrepentido
por no obtener del cambio mendrugo
alguno que oponer a tu sabia caricia.
He de confesarte la ruina, y espero en el perdón
más pasión que el abismo. Recorro en la noche
la morada para ver en qué ojal, tormento
y gloria, puedo archivar tu abismo.

2

Una calle. Al fondo el laberinto.
Una tienda que vende cuantos trozos
de miedo pueda adquirir. Una araña
que ruge. Sonidos de imprudencia velan
la noche. El amanecer es un zumbido hosco.
Y sin embargo, sus plazas infinitas,
los parques recogidos alargan la inquietud
de quien vuelve de ver el rumbo entre
el boscaje. Los surcos del asfalto median
por el estilo de París y acceden al temblor
de un escondido pórtico. Una paz indecisa
congela las miradas, algunas con mendrugos
pendientes de los rostros, otras con la soberbia
clavada en los abrigos. Girar tras sí, abrirse
paso a hachazos para cruzar la avenida.
Vago solo y veo lo que soy y recuerdo.
Contemplo en la urdimbre cuánto puede
el dinero y me asustan las fauces del motril
que lo fija. En esta estancia proverbial
e interina resistirse es morir. Y la muerte
no accede cuando el pulmón disfruta
en la inocencia perdido en el extremo
del Rubicón, un alma que mora dividida
por sobre del betún. Travesías inmensas,
esta plaza, decenas de librerías que no temen
la noche, la música de Piazzolla que rasga
las vísceras de los que han muerto sobre
el bordillo de Gardel. Goyeneche, Susana,
tabernas y tugurios, una intensa
coartada diluida en la atmósfera, una calma
atrevida y ningún rostro que recuerde quién
soy es el curso imperfecto del exilio.

3

El cielo gris derrama gotas inocentes sobre
el canal. Fue al final del invierno.
El agua chorreaba por las comisuras
de la endeble embarcación. Quise ver
la esfinge del poeta muerto en el Paraná
y encontré mil recados sobre cientos
de islas que acogen la simiente del fango
en el pantano. El río las asola y clava su
encono por entre los confines. La gran profundidad,
el cauce enorme, los motores que atruenan,
el rencor de lo que fue una ciudad inglesa
con un club en la orilla perdido por el tiempo,
lastrado entre delirios del ayer y un hoy
que los ojos confortan. Hablé sobre el destino
de la pobreza que arrastra troncos a la orilla
o hurta arena y limo desde el seno del río.
El agua se atoraba, la faz terrosa hostigaba
el cristal sin imagen visible. La lancha dio
un salto y vimos la gran ola ascender
como un brazo batiendo ante el premioso
esquivo. Mojado y asustado entré
en el salón del medido hotelucho
en la ribera. La muerte es asesina, comentó la mujer,
al ver la suerte que el pobre bote pudo correr
en aquel bronco mar de agua dulce.
Aquí murió —me dijo mientras me secaba—;
fue un hombre obtuso y un malvado poeta.
Atendía a sus fastos como un déspota
y como un acróbata y eligió esta casa
para enfrentar la sien con su destino. Subí

a la habitación y, aunque su idea se enfrentaba
a mi idea, hablé con él. La humedad lo corroe,
los ojos se le saltan por sobre de la luz
que en el torrente se junta. Paraná, Paraná, genio
del amor y de las cenizas, probó Roberto Arlt
reclinado en la silla. Y el poeta le dijo: pude haber
sido feliz, la dicha me acosaba pese a este
cuerpo ya maduro pero desaparecí de este mundo
como hube de desaparecer de este mundo
porque hay glorias que no se pueden compartir.
¿Por qué ha de ser el suicidio arma distinta
para la muerte?, preguntó. El alba contendía
con las maderas. El agua del río templaba
las cañas. El fango de la ciénaga herbece
entre las islas. Un animal doméstico tragado
por un anfibio aúlla entre los juncos.
Vuelvo a la ciudad. Buenos Aires, Buenos Aires,
le dije a la mujer. Hace bien, porque esta tierra,
que es cieno y es barro y es limo y es juncos
y es islas a la deriva, no protege al intruso.
Tomé el pequeño barco y El Tigre se abrió
con lentitud distinta hasta la orilla firme.
Islas a la deriva —repetí—, canales infectados
por sus profundas garras, gritos de extraña
estampa me despidieron. Y también vi
los cuerpos de los navegantes de España
comidos por los indios en aquel duro infierno.
Volví para hablar con el temple de embrujo
de miles de canales. La ciudad lo permite, al fondo,
entre la tupida foresta de archipiélagos húmidos.

4

Contemplo el gran río pausado y firme
rozar en la escollera. La sutil playa es apenas
un esbozo de lo que fue un viejo balneario
de arena limpia y rubia. Por entre la niebla,
islas oscuras emergen del horizonte con puertos
de madera varados en estambres de lodo.
Esta paz alargada penetra por los muros.
Las horas se resisten en las ruinas, se apilan
en las sombras, las calles, el sigilo poblado
de un aroma impreciso que derrama baldosas
de otro tiempo, y pequeños secretos en esquinas
y plazas. La fortaleza, en Colonia del Sacramento,
rodó. En mis manos habita el acecho que la detuvo
en el jardín del río. El mortal le susurra
pasos de un gran océano que vaga lejos
entre otras islas. Limpia, efectiva, distante
y silenciosa deja que hablen piedras, vos sos,
vos contemplás, que alzaron su esplendor. Sentí que secar
el corazón para dejar ver lo oculto
es parte del misterio. Como el agua que no
erosiona sus muros con golpes de poder,
la historia desciende lentamente hacia el mar.

5

Otra página cerré en el crudo invierno
del sur. La cabeza enlutada, el abrigo enlutado,
cierto sabor añejo entre los dientes y un vano
delirio en el esófago. Lejos del sol, mendigando
una fuga sin sentido para volver a qué. Volverás
otro invierno, había dicho un amigo, y no sé
si cruzar la avenida para perder la vista entre
las fuentes, la humedad perniciosa, el hondo
esconce de la noche, la suave brisa, los pasos
tan ligeros que cierran nuestras vistas y abren
el firmamento tendido entre la acera. La seriedad,
ese otro paisaje que no concuerda con tanta
luz de exordio; un agua que no es agua, un mar
que es otro mar plantado en las tinieblas.
Abrazado a mí mismo pensaba que el volver
no impondría la cúspide, pero más yo
sí era cercado por el fuego de una lámpara.
Éste es el fin del oscuro destino amable
y triste, dije abriendo la mano sobre el abrigo
para tocar prudente y absorto el talado obelisco.

6

El paseo concluye en un arco rojizo.
En otro tiempo este fue el fin.
Ahora es la continuación de una imprudencia.
No puedo argüir más sentido que lo que vi
en San Telmo: miles de recuerdos apilados
y hermosos vendidos en anticuarios
ocultan la memoria de donde habitaron y de quien
los poseyó. La niñez, las calles despobladas,
los antiguos cafés, las bibliotecas y la vana delicia
de los olores públicos. Observo escaparates y nada
es mío, nada poseo salvo la indecisión, como el triste
reposo de esta condena. No hay historia en mis muros
que enfrentar a la decadencia. Vine por huir.
Sólo de ese momento vive mi paraíso.

7

Más corvo y menos fuerte vi que, en
mi casa

amancillada, la habitación   era
despojos.

Libro III
Todos los días
[2006]

Borges nos convenció de una ceguera que lo unía al pasado. Sus trazos sobre el papel grabaron vías de tren que retrocedieron hasta la llanura y propusieron lamentos sobre "las torres de cristal y el talado obelisco". Por Milton supo que "los únicos paraísos no vedados al hombre son los paraísos perdidos" y ahí fraguó su imperio y su paradoja.

Somos tensión de muerte y fingir letras sobre el olvido sana nuestra conmoción.

Borges creyó que ese era el sentido de la escritura, siquiera fuera para contradecir a Platón. Al pie de la Voluntad, el hombre se deja vivir. Y si la vida es inevitable, las letras no. De donde, Borges se arriesgó a lo que muy pocos hombres se comprometen en este mundo: crear laberintos de letras para que otros hombres los recorran. Por las hojas impresas de Jorge Luis Borges sabemos que pocos seres humanos (como él) se han decidido a morir por lo que aman, en tanto, y por lo general, suelen destruir lo que quieren. Ésa es la lección:

Destino y deseo, ruina y pasión, realidad y ficción concilian el misterio.

esto es amor; quien lo probó lo sabe.
Lope de Vega

mi corazón deshecho entre tus manos.
Sor Juana Inés de la Cruz

Are you Mister Hyde?
Robert Louis Stevenson

Primera parte
Memorias de la amada

1

Ningún secreto engaña a estos enigmas
que son a la tormenta como el trueno.
Un suspiro es hendido por el alba,
repito un nombre fidedigno

y sueño que en el sueño permanezco
atado a la mesa que te escribe.
La memoria es un pájaro que muere
oculto entre los sauces.

Las palabras se juntan y descubren
las noches. El dedo tensa los recuerdos
y toca el esplendor del rostro
bajo el indemne espejo.

No me mueve la mano sobre el pelo
como posó la vista en tu semblante
ni el astil gira en torno de los párpados
del modo en que la pluma titubea

sobre el papel, raso papiro,
retrato de luceros.
Fue ayer. Y hoy la vi
en el folio postrero.

Y escribo: "ninguna gloria acallará
la euforia por la amada descrita,
ningún esmero anudará su faz
al torbellino, ser solo yo cerca de ella,

un manantial sin puente que albergue
el sosiego del río".
Las páginas cuentan lo que fue
tendida sobre el vientre nacarado.

La vi reír, cantar, llorar en otro tiempo
y ahora solo un resto
en la consola conmueve
mi fúlgida fortuna.

Amada fue aquella que en la tarde
miró mi reverbero clavado en su puñal
y abrió despacio su albur para darme
a apurar la herida del ardor.

Viajé solo por el mundo
en días, en noches y en pasos
sobre la soberbia. Mirar su cuerpo
ahora es ver la luna, investir el paisaje

de perfumes, millares de pupilas,
de cabellos brillantes, de un pubis
limpio como el salto sereno
y de estrellas fugaces.

Hablar podré del viento de la historia,
hojas que guardan su itinerario,
un reguero de tinta en el escrito,
tres mil cuadernos de caricias,

        doscientos mil
        suspiros, un millón
        de repulsas y
        una grieta nostálgica.

2

Parte primera

Brillas como el sol,
princesa de la noche;
se acerca la hora de la dicha.

¿Olvidarás la piel
verde que te cubrió,
el nadar entre juncos,

el rumor de la fuente,
el rozar de las flores,
el brillo de las hojas?

El canto que no es canto perpetuará
el camino, las voces primorosas
en candorosas rimas.

Y el premïoso punzón compondrá
compases diligentes sobre el blanco
marfil y el erístico ébano.

Parte segunda

Las hojas dañan nombres.
No hay duendes, ni corceles,
ni rosas de ilusión
cuyo albor acontece.

La charca del jardín
no ignora tu partida;
laberintos frondosos y calles
bien dispuestas arrullan tus regresos.

Árboles plantan cielos de brío
en la tiniebla.
Por la ribera caen
pistilos y campanas.

Corredores y alcobas,
tapices de arenales, celosas veleidades
de la niebla y malvas encendidas
coronan la atalaya.

La aurora de tu sino será
cual una estrella guardiana
de la suerte por el beso
preciso que te salvó.

3

Volvió como la tarde,
saludó, el sol se extinguió
y una nada precisa borró el paisaje.

Y fue definitivo: aquella que te vio
penar, de la gloria al abismo, brindó
desvanecer la senda del amor.

Al verte en la aflicción susurró
que el tiempo cuenta auroras
que jamás fueron ruinas.

E injusta y cruel
convocó el vago oprobio,
úlceras en la herida.

La luz brotó. Gemidos del amante
arrullan desconciertos, las manos
en el aire, cual claveles marchitos

para decirte adiós, amor,
con champagne en la boca,
cárdeno, suspenso y lívido.

4

El edificio frágil que de sombra
corona en espesor la epifanía
en tránsito refiere cercanía
de tu voz, suave manglar que nombra.

Yazgo herido entre la trama sola
de tu vivir que es un morir oculto,
y me place la dicha, el culto
de acariciar tormentas. Una ola

regresa hacia mi vista peregrina
rayada del sabor de la ternura.
Astral, purpúrea, holgada e intestina,

prisión de amargo amor, premura,
ofrenda que duerme en mi retina
para sorber la flor de tu hermosura.

5

Estas sílabas matan.
Son hijas de un mortal
que musita una réplica;
construyen el futuro sin rehusar
al premio, como el divino Acestes.
En silencio te hostigan,
en susurros de albor cuyo anudar
resulta como la tarde un todo.

Rojos de pesadumbre
forjan sombras de noche
dispares e imprudentes.
Dulce mujer, hoja furtiva,
el silencio condena el mundo
que no habito. Los pasos se
repiten. Y limítrofe soy cuando
tu brisa rasa de los míos delirios.

6

Presa de aplomo vive.
Es hermosa, lívida,
decadente. Sea nocturna
ella, cubra también
el polvo de los lienzos,
viva el goce, invente
avizorar luceros y azares,
horas que nos convencen.
Sola verla podrás, mi dios
del tiempo. La noche accidental
(tuya y nuestra) protege su
                              delirio.

7

Ah, cómo te vi esparcirte,
cómo reír entre las rosas
y la seda del lecho.

Una sombra, un breve surco,
una protuberancia, un vello
hendieron mi demencia.

Ave nocturna soy, mas volar no
podré por el peso de este sereno
pie que encarcela mi espalda.

Yazgo preso de ti, mi amor,
si es tu deseo, fiel y solícito
en el vientre encendido.

8

Un suspiro, una queja
bastó para decirme adiós.
Cuánta gloria contuvo tu orilla,
cuántos ojos azules,

cuánta piel alba apreció
el labio que te besa.
Aquí yace el cuerpo
que habitara tanta paz,

tanta premura franca
que perseguir pudiera
esta dermis lunar.
Sobre la cama vives

como las horas, hojas
de otoño al viento.
Muerta eres más bella aún,
más fría, más soberbia.

Y tu mano reposa
sobre la piel haciendo
nudos bellos
guiada por la mía.

9

Los cabellos de oro
plácidos fueron en mi vista dichosa.
Apunte de una lágrima gocé
aquel scherzo entre tus piernas.

En el túrbido fondo del estanque la paz
que rondó el iris disipa mis recuerdos
robados por los tuyos.
Mujer, tesoro, oigo los cantos

detrás de los visillos, las ventanas cerradas.
¿Cómo guardar esta curtida
piel del frío de la ciénaga
en que inclemente yazgo?

Es un tacto severo el tuyo sobre el piano.
En cambio la memoria exhuma del deseo
este hondo orificio que hendiera
el basto cáñamo.

Soy yo —habría de gritar—
un hombre casi, perdido en este cieno.
Mas moribundo atisbo el candor,
y luego los silencios, y después las sonrisas

que incendian el amor.
Ayer los recovecos del viejo laberinto
de cedros contuvieron pasos
en busca de mis labios.

Hoy yo suspiro, apenas veo,
dibujo un nombre que la memoria

exhuma. La tarde es todo el tiempo;
la distancia es su ruina.

Un gesto te reclama. El vacío
compone un dibujo imperfecto.
Fue un imposible adiós
que coronó el olvido.

10

El fruto que alimenta
misterios y condenas
se pierde en los cuadernos
que esperan resistir
a la mirada esquiva.

Imprudente es la historia
por nacer aferrada
a tu incendio abisal.
El claustro en que subsisto
no excusa la razón:

suspiros que evocándote
remplazan tu misterio.
Desiertos rompen días,
demoras cubren suelos, un nombre
brota, todo el acontecer acampa

en tus cuarteles. Morir es un vivir
que el infinito alza y la gloria
deplora. Ausente por ausente pospongo
el esplendor por entre las lisonjas.
Un corazón deshecho entre tus manos.

Cuaderno para la amada ausente

Una carta

"Nada iguala a tu doble, la otra que denuncia mi osadía", escribió el muchacho en una hoja infausta. "Mas en mí la tarde pesa, y es goce y primor y vida deslucida por la añoranza." Mirada tras mirada sobre el recinto inmenso dedujo que perderla ganaría a la espera señales de su estampa, la ilusión de acercarse a su cuerpo en el sillón cercano. "Aguardé gravemente", dictó; "me acomodé. Creí ser un extraño entre el público de un teatro que esperaba sonidos. Tú me diste el concierto y la dicha perdida." No pronunció palabras, no conoció vecinos; solo, en el palco adusto. "Repetí: «no vino»; y «la falta me conmueve»". Repasó programas y biografías. En la espera el hombre compuso las sensaciones que acaso el tiempo remitirá a la amada en la última botella del náufrago solitario. "¿Por qué ardid de los días las hojas de tu diario no incluirán páginas sobre la concurrencia, no aducirán culpas por la demora, por ojos que no se tropiezan con ojos a los que miro?" El telón se alzó, el director salió a la escena, los aplausos dijeron que el talle alto y serio era distinguido. Se inclinó, saludó, abrió los brazos ante sus músicos e inauguró el concierto. "Los acordes", escribió a la amada, "acarician el mundo de diferente modo". Pero la vida se convirtió en un otear aciago. "Tú no estás, mi anhelo no es tu anhelo e ignoras mi desdicha." En el descanso, la resignación regaló vocablos a la demora. En el último blanco del programa, el amante escribió: "¡Otra vez el deseo!, ¡otra vez el deseo!" Y subrayó que la espera solo pertenece a la amada; las vivencias no las comparte espectador alguno. El secreto es infausto; el sentir es dichoso. "Confieso el aturdimiento para que sepas cuál fue el origen de tú y yo juntos; solo tú y yo vivimos. No cambio la experiencia; en ella te reconozco como a mí mismo", concluyó.

Rebuscó en la cartera, desdobló el papel, armó el poema desde la arista superior de la página y leyó en voz baja lo que ella hubo de leer en voz baja:

Nada aflige, mi amor, más que el antaño,
Ni agita más la historia que un supino
Montón de frases con fecha y con destino
En la penumbra de un tramar huraño.

Si el dios Apolo no cedió al engaño,
Ni Venus renunció a la deriva,
¿Ante la convicción tan decisiva
Del cuerpo y de la voz en su tamaño,

No alzarán ojos los extraños
Rumores de mi ser para ver
La pena que arrastro con los años?

Sin ti, flor enhiesta, paz del hogaño,
¿En qué foro convendrás reponer
El sí que me conforte de este daño?

Poema primero

Cuando el concierto empieza, la historia
se detiene. Nada es verdad,
negro sobre un poniente
matizado por varas, vientos, timbales,
manos que exigen ritmos.

Proyecta mi condena
resistir o postergar.
No está, no vino; inventa
la osadía en un prado distinto,
acaso las paredes cotejen otra dicha.

"¿Qué nos reserva el tiempo?", preguntó.
"¿acaso la desdicha?" Cruzó el aparcamiento.
Me resigno a partir sin ver ni oír ni decir:
"te vi mecer el rostro, tu perfume
a mi lado y un ligero roce en el brazo

izquierdo y acaso el aliento en el lóbulo
cantó la aprobación, un sí definitivo".
Pero no compartió el asiento ni vislumbré
sus ojos, no reunió la risa la mirada
serena sobre tu rostro límpido.

La noche organizó los sentidos: ser
lo que siempre fui, volar entre cenizas
como el ave de fuego. Respiró gravemente
y un Bach modesto montó la imagen débil.
"¿El ingenio es mayor que el sinuoso olvido?"

Poema segundo

Fue en otro tiempo.
Se disipó el misterio.

Me apena el nuevo día
con pátinas de oro ardiendo
entre sus fauces.

No me duelo sin ti
—digo al lecho vacío.

Y me conmueve el aire,
el perfume de piel
que descubrió su sino.

Poema tercero

torna al talle una brisa
que la lumbre coteja
primorosa y altiva

sobre el adusto trance
que enmudecen tus ojos
inventa la deriva

"deshójame en tu piel,
deshójame" te pido
"¿tú explicarás la dicha?"

Poema cuarto

¿Ahora qué?,
me preguntas,
corazón

¿solo la eternidad
podrá justificar
este delirio?

Poema quinto

Sonámbulo dichoso,
el escriba interpreta la luz,
guarda dos trazos blancos
sobre un panel de piedras
y unos ojos opacos,
dibujos de anaquel.
La lápida descubre
un muro enorme hundido en el mar.
Celeste, magenta y bermellón,
en un intenso negro, la montaña, el abismo.
Cielo azul con gaviotas y un ligero olor
a cardones, aulagas y a fresnos
caen hacia la deriva.
Atesora los años el acantilado
que habita la mirada.
Allí yace la vista, aquí un ligero apunte
sobre el revés, un todo,
un ser primero
armónico, dotado.

Poema sexto

La noche extiende sobre el prado
la inocente delicia. Las horas son demiurgos
que reducen los bordes, los mojones, los pinos.
Huir no es una dicha; escribir
más que el broche sobre la exigua
escena de acunar en mis labios tu sonrisa.
Esta línea revela el bosque,
el camino, la huella, un signo,
el canto, la música,
una leve alusión,
un rasgo, un sí, una mirada,
una copa, el margen, páginas blancas,
alas enjaezadas:

nada
que no
supieras,
cuando cruzas por el solar
vecino
y yo suspiro.

Poema séptimo

Shakespeare 1

No ignora la pasión, el desaliento,
el destino, la violencia, los celos,
el rencor y la muerte.
No ignora que ser erguido es una suma
de la especie, que existen transacciones
imposibles, y poder.
No ignora que ser uno es falaz,
y que toda venta destruye.
No ignora la belleza, poemas sublevados
por imágenes incorruptibles,
y que también hay prosa, escritura
de pobres, almas sublimes
y acciones rastreras.
No ignora que la razón
es pérdida tosca,
que ser fiel a sí mismo
tiene el valor certero de la condena.

Poema octavo

Shakespeare 2

Cuando mi mano duda,
titubea la lengua del dios que la dictó.
Sobre la frente rasa la brisa,
una llanura henchida de pendones,
lodo reblandecido por la sangre.
Hemos matado a dios, recitó el actor,
y el dueño de las artes se encontró solo.
Engañó a los hombres en la corte,
compuso los himnos del desastre,
subió los trancos de la torre para matar,
arguyó el desdoro de la mujer
para engullir dichoso corazones poblados
y miseria y tiempo vano.
Cuando los dioses mueren, dan comienzo
los hombres una danza cruel.
Es apuntes del margen con trozos de pasión,
de ruinas, de dudas

                              y miserias.

Poema noveno

Bach

En la noche serena, me redimió el insomnio
y un ligero agrado; una luz que se incendia
y en la tormenta, como un sol que suspira,
la voz se esparce.
La mujer sabe del arrebato.
La luz fallece sumida en el delirio,
las sombras de la huerta y el leve
aleteo de pájaros nocturnos.
Un haz repite, con la mejor proeza,
"perdóname, Señor; he merecido,
he merecido, he merecido…"

Nació el alba sobre el diván mullido.
Amar el albedrío es dibujar un monte
con maderos frondosos
y una cruz altiva en cielos indignados.
El espanto condena, el canto se interpone,
el alarido intenta una armonía grata, otra forma
precisa y un rumor que coteja cuerdas,
un agudo estertor, pellizcos en el clavicémbalo
y un ingenio glorioso que combina
y varía notas del entusiasmo y
del divino primor.

Coda I

Nada aflige, mi amor, más que el antaño,
ni agita más la historia que un supino
montón de frases con fecha y con destino
en la penumbra de tu andar huraño.

Si el dios Apolo no cedió al engaño,
ni Venus renunció a la deriva,
¿ante la convicción tan decisiva
del cuerpo y de la voz en su tamaño,

no alzarán ojos los extraños
rumores de mi ser para ver
la pena que arrastro con los años?

Sin ti, flor enhiesta, paz del hogaño,
¿en qué foro convendrás reponer
el sí que me conforte de este daño?

Sombra ejemplar, rumor extraño,
ángel sin par que en la deriva
vela su velo de ardor arriba.
Sobre medir, disimular huraño,

¿qué resta al más de tu diatriba,
qué opone al sesgo del antaño?
Persuadir la soledad y el daño
arma secreta de la deriva

El tiempo, la ruina y cercanía
doran sobre el fulgor del año
en que viví fuera de ti, engaño,

y regresé por trasver la epifanía
que alar en llanto renacía
sobre la nada atroz en su tamaño.

Coda 2

El nombre de las cosas

"Serás mi problema", susurró
la mujer al oído del hombre.
Cubrió las cejas y aleteó
sobre el prado fundido de los ojos.

La luz de la sala se extinguió.
Pequeñas sensaciones
jugaron en la lona de la pantalla
con reflejos heterogéneos.

El sol cayó sobre la escena
y la amante acercó los labios a los labios,
el lóbulo de su oreja al lóbulo de la oreja,
la sonrisa a la sonrisa.

El cuerpo se estampó en el abrazo y la luna
corrió por una calle de París. Vio
el decorado de la fiesta y reunió
los saltos de placer en almas que se atraen.

"Elegido para decir el nombre de las cosas
que nunca dije, el dibujo del cuerpo que nunca
antes recorrí, el sabor de la piel
que antaño no tuvo geografía".

Líneas inagotables se enmarañaron,
historia imprudente de un "sí" y un "no",
fuego que agita y corazón que enarmona
el susto, el perecer, la imagen, los destellos.

La historia dulce y agria estampa
movimientos en la sala del cine,
y canta, y persiste, y acompaña, y maldice
la hazaña del dardo del amor.

Cuando el tango se expande, el hombre
acaricia los pechos que la mano de la amada
brindó a su celo. Unió la suya al trapecio
de la invocación que el abismo ocupaba.

Dos suspiraron. El tiempo resumió
himnos de empeño que el sabio complicara.
Y la fortuna expuso la agitación como el instante
que es más que instante: una aurora sin término.

"¿Cómo explicar la dicha?", preguntó el amante
a los ojos que brillan. "¿Los nombres citan
cosas?" Y ella lo besó cual si la eternidad
tomara el mundo por sorpresa.

Un dios dictó que la gloria no concluye
en el trozo de vida que la razón reprocha.
Y el dedo dibuja paisajes sobre el torso
mientras la faz espera afanes y caricias.

Segunda parte
Nada sin Tregua

El fenómeno capital, el desastre por excelencia,
es la vigilia ininterrumpida, esa nada sin tregua.

E.M. Cioran

1

luces en el jardín
reniegan
de la noche.

las estrellas disipan
caminos indispuestos en el cielo
nuboso.

la vista es el tesoro,
la luz es una excusa,
el negro es la verdad,

el no todo primero, ancestral,
primitivo. la ignorancia
mitiga el ardor

de las constelaciones,
las fúlgidas estelas
que los ojos disculpan.

el invierno juntó páginas
imprecisas. otra estación dirá
notas del firmamento que no

sabré nombrar.
me resigno a morir —digo—
hasta mañana.

2

Si afirmo "dictado efímero", niego
el ser del decir porque es efímero.
Si afirmo "niego el dictado efímero", digo
un dictado efímero que niega todo
lo que mi lengua enuncia porque
es efímero. Si afirmo "niego el dictado efímero

que negué", digo que todas las alocuciones
son efímeras porque incluso las negaciones
que pronuncié y afirman son condenadas
por la futilidad. ¿Si todo es efímero y el poema
es tan precario como yo que nací, que viví
y que soy efímero, qué camino agotar?

Una historia de tinta nombra la página,
un flujo rasga signos, se desvanece, muere.
Lo efímero recoge alguna arista incierta
en las grafías sobre el papel. Yo las contemplo,
las digo, las rebato. Imprudentes se abisman
cual si un ser que ya fue las sancionara.

3

y
pues
la noche
dispuso la tormenta
entre alfanjes de rocas
y animales marinos que honraban

la galera, icemos el pendón, impóngase
el impuesto a la costa vecina que
ve cubrir con huesos la arena
blanca; distíngase al
contiguo de entre
el pedregal
que vio
morir
sus
...
..
.

tierra causal jamás vivió ojos tan aterrados
y
doloridos

4

sobre los bordes
del áspid de la vida,
la abrupta cumbre cede.
el silencio descubre
moradas y secretos.
las estrellas sostienen.

5

vástago de la arcilla,
el cielo
planta sombras.

fugaz en su deriva,
las alas desfiguran torrentes
y praderas.

el suelo es el mohín
del solar
de los dioses.

6

idioma en trance.
¿decir la vida es fácil?
imposible la muerte.
el trazo se acelera
y llega hasta el confín.
cuando la puerta cierra
el sol se alza.
y la tinta se agota,
y el estilete calla,
y los signos son otros.
¿no hay verbos más allá
de esta caterva ni voces
en la huella porque el cauce
se explica y la muerte se

     vive?

7

El caminante solitario
(Antonio Tabucchi)

Pereira dijo que solo le interesaba él mismo y la cultura. Y la chica le contó una historia ininteligible. El personaje no supo qué axioma descifrar en el término "anarcoindividualista". Pereira recorrió un camino en el éter.

(Antonio Tabucchi sonríe con el estilete entre los dedos, la tinta negra sobre el pliego blanco, allí, en la casa de Vecchiano, una luz indigente, un calor sofocante y un aire denso, verano del Mediterráneo. Alguna vez la brisa se llevó las páginas inconclusas de Tabucchi hacia el mar, pero el señor Pereira vivió la aurora de la conciencia y del compromiso.)

Fue el padre, la madre, la hijastra, el hijo, el muchacho, la niña e, incluso, Madame Paz entre la incertidumbre. Creyó nacer, crecer, pensar, juzgar y actuar pese al terror a la autarquía, a la devastación, a la dictadura, al abuso de los miserables, a la mezquindad, a la toma ilegítima. No es fácil decir mejor el perjurio de los inicuos que cruzan el desierto de una Europa antaño en llamas y ahora asiento de comerciantes despiadados. La historia sabe del aniquilamiento por las ideas, de la perspectiva que designa las reglas, de la lengua cautiva, de la cultura universal, del Dios cosmopolita.

El agua fría de la playa rasa la piel de Pereira. Se encuentra entre el suburbio de mar y arena; nada y dice un respirar

146

sobre la espuma, un sol inmenso y el sudor. La tarde cae y Pereira se yergue sobre el recuerdo de la felicidad. Él no es el problema, el mundo es un problema, la torpeza de los hombres que se obstinan en escribir en los márgenes. Pero también el alba nombra el destino y, tal como se yergue el sol en la tiniebla, resulta perentorio contemplar *auroras en la risa amanecidas*.

Calla el dolor que oprime el pecho en el último capítulo del libro, pena sobre el pesar de un alma que ha de huir a cuidar su alimento.

(Antonio Tabucchi guarda las páginas, la vista alzada levemente sobre el dintel dorado de sus gafas.)

Y ese todo remite a la línea del horizonte, a un viaje en tren a Madrás, a un recorrido dilatorio por calles y callejas de Nueva Delhi donde se procuró el sustento para su condición de héroe y fotos apuestas de su figura; también a una visita al Prado para ver y rever *Las Meninas*, el otro lado, el otear sentencioso de quien saldrá a la luz con datos comprometedores; y a la cabeza putrefacta de un tal Monteiro y a un vagón que fue a Lisboa desde Madrid y a los dolores de estómago por la gastritis de los intelectuales menesterosos y a la ilusión de ser, de confesar, de escribir cual cuerpo erótico de un tal G... y luego del Tristano que muere.

(El tiempo arrasa, pero la identidad y el compromiso no son renuncias. Un novelista, por más que fortifique empalizadas frente al mundo e invente las corduras que no le pertenecen, no mata lo que lo atemoriza, cumple en la alternativa de morir por lo que ama, sin temer a la literatura.)

8

La piedra que abatieron
ayer se yergue hombre
frío duro e inerte.

Así podrá contemplar
el desvarío y mentar
lo eternamente nuevo.

La tierra donde se alza
es segura y no corroerá
por siempre los cimientos.

9

No me impone la vida otro temor
que ver arder la rosa de mi vida.

Y no puedo oponer otro fragor
que ver la vida soñada como vida.

Porque soñar la vida es otra vida
que la memoria esculpe con ardor.

L'étoile du berger tremblote
Paul Verlaine

Antelux: un nombre. ¿Una palabra?
Aurora es. ¿Principio o final
de una tarde o tarde que deriva?
No hay vórtice ni sentido ni señal
cierta ni imagen ni principio. Es
un signo perverso. ¿Inaugura un modelo
la voz por su ínfima seña?

Un trozo de metal y la herrumbre
idolatra la mancha en la pared;
una sutil materia, un duro ardor
fundido que dice de un trayecto,
sin forma igual, sin rasgo pertinente,
una otra cosa hecha grabada por
el tiempo, un canon diluido.

Disimula la faz el temblor. La gota
cae al ojo y no la ve porque apaga la luz
de las pupilas y muere deshecha por la presión
del índice. Lo que aclara el fenómeno es
la multiplicación del sudor en la frente.
La huella transparente describe cómo fue
una vez, solo una vez, acaso eternamente.

11
El portero que paró un penalti
(Peter Handke)

Hubo un portero en la selección de fútbol de un país de Europa al que su entrenador apartó del equipo por viejo. Salió de la fábrica aturdido. Miró la calle y le pareció un insulto que todo se moviera y pareciera igual en su victoria.

Llamó por teléfono a su ex mujer y le contó el argumento de la historia que había vivido. La que encumbró su ardor apenas oyó; tenía prisa, temió el camino que fue y que volviera como un mal paso, como una mordida estrafalaria del ayer.

El portero fue al cine, enamoró a la taquillera, comió en su apartamento, hicieron repetidas veces el amor... Pero cuando ella le propuso volver la vista sobre el campamento destrozado, sobre un libro de sellos extinguidos, la mató y huyó.

El ex portero buscó acomodo en la frontera. Allí vio púas. Soñó ser otro en la zona contraria, entre bárbaros. Jugó con un sistema de signos nuevo y, al tiempo en que se disponía a cruzar la línea con ojos extrañados, el árbitro pitó un penalti.

El fugitivo volvió la vista atrás como Lot en la despedida, por ver la escena familiar. Observó a su sustituto con brazos arqueados sobre la raya, concentrado en el horizonte que sus ojos ignoran; se movía ante el futbolista que iba a disparar.

"¿Detendrá el chut?", se dijo. Y, sin litigar, cruzó la línea que sanciona.

12
La ciudad en ruinas
(Luis Mateo Díez)

Una vía de tren en una ciudad
antigua, alejada de la costa y entre el frescor
de las montañas, pronuncia un hueco
en la tierra. Por él la perdición
busca sentido y el olor a mundo
tiene correspondencia con historias de café
y de fiambres, de consomés, de carnes
y de hojaldres dichosos.

Se podrán descubrir los trozos de un mapa
tan grande como un país que ya no existe,
el libro de *Tlön, Uqbar y Orbis Tertius*,
un cine que pasa a las ocho de la tarde
la misma película, un laberinto hollado en el subterráneo
y en el que vive un dios estrafalario, un gato indignado,
un pollo inmenso con una sola pata y un sectario
que es inmune a la noche y muere con el alba.

Entre libros pacientes, de inmensas hojas secas,
se guardan mensajes y sorpresas para encubrir
al torpe y el temor a escribir. Pero el genio
encuentra la salida, el sueño precavido
del paraíso y una historia marchita de amor.
Es el rumbo hacia el misterio desvelado,
y un buen orujo después de confesar
la frustración, sabor de suficiencia.

Al contrario de las ciudades de escritores
antiguos que poblaron el orbe, en el bar
de la esquina de esa urbe desierta donde se

mueve el corazón con ritmo precavido,
el héroe encuentra amigos y una conversación.
Historia es historia. Aclamado el deslinde y
revelados todos los pecados de los secuaces,
el mundo es una isla, dijo, solo una isla.

13

La Caza

I

El león en la charca observa a la tierna gacela. Los dientes se humedecen, las vísceras reclaman tendones finos, sabores ancestrales, sangre caliente. Salta sobre sus músculos y caen en el cuello los colmillos crispados. ¿Hay razón en la muerte, discierne el animal los lamentos, su alma es compasiva? ¿Qué huella lo detiene en el curso agotado de la vívida fuente o de la añosa yerba que ronda los caminos?

II

¿Es razón esta sed que empecina la entraña, que agita la tráquea para instar a la muerte?¿Es razón la razón para curar la herida hincada sobre el cuello? ¿Soy monstruo porque soy un signo en lo perverso? ¿Qué parte de mi ser renuncia a ser quién es?, ¿el funesto, el divino, el mortal fenecido, el vampiro brutal? La noche en la quimera no aquieta suspender al divino murciélago que es un hombre y es dios.

14

Vive en antiguos sótanos.
Esconde el polvo bajo el puente
de un vetusto castillo.
Cubierto de cenizas
mira trofeos que en otro tiempo acarició.
También las municiones se pierden
sobre el fango. Y sus nuevas disputas,
con otros muertos, saben
de caños, de espingardas sonoras,
de una Anson & Deeley...
En la fugaz caterva, entre trucos
de viejo y fulgores de pólvora,
el prado nace altivo, fecundo
como el cielo, con fuentes,
yerbas de tierno tallo y alargados
matices, estanques rutilantes con diestras
codornices y llanos de amapolas.
Un prado se retuerce, un disparo
crepita y el ave no cae.
La realidad no es muerte,
los muertos no la habitan.

15

Velatorio

En el críptico ábside del día,
muere y nace errante en el oscuro
sendero de las almas. Es un duro
fulgor. Las sombras vencen la abadía

imperial, despótica epifanía.
Un atril es izado en lo seguro.
¡Huye, cuerpo mortal, dardo maduro!
Hoy es ardor, mañana, lejanía.

Y después morará en el impuro
solar de la discordia. Es la tierra
que habla con los huesos. Y aterra

contar el horizonte sin ser muro
que abrace los misterios. Yerra
el corazón desesperado, yerra.

16

La Partida de Ajedrez

Cuando alcanzaron lo más profundo del lienzo, el tablero estaba desplegado tras la segunda masa de muertos. El monstruo dijo palabras escuetas, una concisa arenga con razones pictóricas.

"No hay menester más allá de su época" —replicó el adversario—. "Simple. ¿Surrealismo en *Cueva de guanches*?"

"El viaje es extraño" —se defendió el maestro—; "incluso exótico. Mas tal requisito no es lo dilecto. Lo dilecto es que el viaje lo hemos programado ambos para competir. Hemos de aprovecharlo para jugar sin discursos pomposos. Porque no a todos los inmortales les es dado vivir en un lugar tan alejado de las tristes montañas y del frío. Eso es lo que logré, para retar tu tino".

Sabía que aquella partida sería larga, y más valía la distancia y la oscuridad del fondo de la tela en un museo luminoso llamado Reina Sofía que morar quietos en el hielo de Transilvania.

Abrió el juego con un movimiento misterioso, una ecuación que anduvo entre los siglos, en dunas del desierto y en los recovecos de las horas.

El contendiente torció el rostro y repasó partidas más recientes. Menos brillantes fueron sobre la tabla las rutas de la mano incolora.

"Morir decora el mundo" —dijo el vampiro sobre la reina, el rey dispuesto a arder entre la llama tenebrosa.

17

Michael K. es un hombre
(J.M. Coetzee)

1

Dios plantó un árbol en la carretera. Fue un labio leporino, un hijo de las autopistas, de los caminos, del polvo, de los zaguanes, de las calles sin salida, de los basureros, de los descampados, de las acequias, de las casas de techos rotos.

2

Michael sufrió sin decir palabra. Plantó judías, calabazas, maíz y melones. Pero no recogió las mieses por despecho hacia el desertor, una sombra lejana de su esclavitud. Luego volvió y probó la carne más sabrosa que fuera cultivada sobre las brasas y devoró un melón y otro y fue la cosecha una fiesta de la abundancia.

3

No robó, no mató, no se dejó matar; fue fiel hasta el suplicio. Sintió el roce ligero del amor, pero rehuyó el sueño de una mujer e hijos que otearan las púas ante el *veld* en una cárcel atroz cegada por el hambre. A pesar de su desaliño, de haber olvidado la sintaxis a causa de la soledad, fue un hombre sabio.

4

Michael calentó las cenizas de su madre bajo el brazo y la vio crecer sobre el barro que fue su cuna. Él mismo hizo vibrar el alma en un cementerio que ocupó la estancia fría de un sórdido hospital.

5

Dijo adiós a quien quiso ser su dueño. El color no es suficiente para dotar la opresión. Su piel era oscura, pero su alma no. Contó la tristeza en noches ateridas, veces por caridad, otras en la intemperie. Le regalaron un uniforme con rótulos borrados y una gorra. Mas él jamás ejerció. Fue pasos libres y razonados. Contrajo la neumonía, la superó y volvió al horizonte para oír el silencio de la llanura y hablar con Prince Albert.

6

Amó la estancia de los Visagie como si fuera suya y la tierra abandonada que laboraron sus manos. Pero no explotó la huida de sus dueños y habitó la nada en el ocaso del barranco, confundido con el cieno y las piedras. Lloró por el otro que nunca dio a ver su rostro por miedo y la pólvora del capricho lo asoló.

7

Fue una hormiga que olvidó el camino hacia su agujero. Pasó casi toda su vida durmiendo. Vio entierros de inocentes en los márgenes del camposanto. Dijo el *veld* muchas veces en los días ausentes. Vivió la destrucción, el horror, el caos, la arbitrariedad; niños que lloran, golpes que vuelven. Nació, creció y miró la guerra ilegítima desde las aceras. Y en su historia los pensamientos sobre la catástrofe se desarrollaron como una planta.

8

La llanura dibujó cercas para recordarle que, a pesar de todo, era un fugitivo en el país que era suyo y que los blancos le robaron. Supo entonces que un hombre de su condición habría de habitar el tiempo sin dejar huellas. Por eso no construyó una casa cerca de la alberca para legársela a las generaciones venideras. Vivió la noche y ocultó el día, y con el paso de las jornadas adquirió la soltura de un ciego y vio en la oscuridad y descifró los ruidos, las luces y las

sombras y escribió signos sobre la arena que solo el tacto
pudo descifrar.

9

Lo confundieron con un rebelde y un estúpido hombre de la
guerra, con galones de acero y cerebro marchito, osó
cambiar su nombre. Creyó sojuzgar a Michael y no entendió
que ese acto fundó al otro definitivo. Fue el mismo día en
que su nueva lengua ocupó el lugar de su destino y su albor
el rojo del horizonte.

Final

Michael K. trazó un gran periplo para encontrarse. Los
argonautas siempre señalan el camino por el regreso.
Michael diseñó el mundo para que se percibiera la discordia
y la sabiduría del disidente. Por lo que vio, dedujo, hizo,
pensó y vivió es un ejemplo.

18

Strindberg: 1849-1912

Soy un ser humano. He vivido sesenta años de mi vida. Esta
historia completa la que escribí a los cuarenta años. En esa
época vi la puerta de la muerte. Fui un ser innecesario y
malogrado. El mundo es deplorable y el hombre es impío. Y
ahora hago balance. Libero de mi ser falsas acusaciones.
¿Hubo plan en mi vida heterogénea? Viví en tierra extraña
olvidado y olvidando. Estuve en el Infierno. Progresé en el
aniquilamiento. Soy muchos autores en novelas, poemas y
dramas. Cada escritor es su época y su engaño. Opté por la
indiferencia mientras el fuego fluyó por mis venas. Pensé que
un hombre claro en conceptos morales no habría de dejarse
engañar por los sofismas. Me encarné en muchos personajes.
Entré en contradicción conmigo mismo. Mis libros fueron
escritos con toda sinceridad. Confesé lo que nadie me había
exigido. Asumo la culpa aunque no sea grave. Las relaciones
son voraces y no enteramente fieles. Lo que escribí entonces
ahora me parece desconocido. Nada tuvo lugar; he olvidado
detalles de la infancia que a los cuarenta años recordé.
Cuando escribo recobro el deseo de vivir; me empuja la
curiosidad de saber qué va a pasar después de cada letra,
qué final tendrá un destino semejante.
    Sumo; resto.

Epílogo

para José Luis Rivero Ceballos,
cuando cumplió 40 años

Roger Bacon creyó descubrir el secreto de la vida. Cuando asistió al mar desde Oxford, a los 16 años, camino de París, defendía que pudo andar sobre las aguas como el navío que le prestó las velas o nadar con sentido bajo el océano como los peces. Acarició una teoría que aupó en el delirio a algunos de sus discípulos. La heredó de los sabios chinos y suponía el existir sujeto a una línea del tiempo que lo divide en dos grandes trancos: de 0 a 40 años; de 40 años al infinito. Bacon afirmaba, hacia los 20 años de edad, que el primer tramo de su madurez habría de ser tan rico en experiencias como suficiente para dominar las materias y las permutas. En el año 1251 regresó a la isla. Había probado numerosos elixires y había curado a millares de enfermos. Supo expulsar las perversiones de los cuerpos ajenos, pero no halló el modo de detener las transformaciones de su rostro, el deterioro de su cuello, las manchas de las manos, o las sutiles arrugas de los globos oculares. Consiguió de los otros la categoría de admirable; de él, una triste demora. En su fuente quebrada de geometría nació un signo intermedio entre el número 0 y el signo 40 de la vida; más una pregunta sorda que apuntaba hacia el trazado del futuro. Pocos meses antes de morir, el maestro fue retratado. El cuerpo lo cubría la pobre túnica de su orden. La cabeza está enfundada en una tela negra. Sostiene uno de sus libros en la mano. El título está reproducido al revés. De modo que es el sabio el que lee y ahora descansa y no quienes creen descubrir su muestrario. Bacon mira el *Tractatus de alquimia* con una ligera sonrisa en los labios. El rostro es brillante. Su barba blanca apunta dibujar un secreto contrario al que los otros hombres le supusieron, el que él mismo dispuso en su laboratorio, ensayando elementos, mezclando sustancias, cubriendo propiedades, pensando en el papel. Un discípulo, al revisar las hojas incompletas de su *Compendium studii theologiae*, descubrió los resultados de la larga reflexión iniciada por Bacon a los 31 años de edad. Habló, en una muesca de papel estrujado, de la naturaleza que transforma los días y las estaciones fuera de la cárcel; del sol que ilumina, con intensidad diversa, las paredes de su celda; y de cómo los ciclos se repiten. La luz que alumbró el rostro de Roger Bacon descubrió al rey de Persia en su jardín; vivió una primavera en la niñez que vivirán los hombres al correr de los siglos. Supuso el alumno que el admirable médico había descubierto el destino contrario de los mortales, que pudo suspender el correr de los años pero que se guardó el secreto para no contradecir a los hombres. No era cierto. Al estudiar los dibujos del aposento donde el sabio permaneció cautivo por 15 años, supo de la verdad; la vio en la fuente quebrada de geometría que el maestro compuso en la pared. Una línea decía de 0 a 40 años; otra partió el periodo por la mitad, en el número 20. Era un golpe azul y semejaba un espino inmaduro. Pero en el tramo 40 al infinito, un renglón rojo se detuvo —cual un punzón ensangrentado— en la cifra 10; y otro, más profundo y desesperado, en el corazón del 17. Allí habita una fecha, gravada con premura y un ligero temblor: un fatídico día del año 1277. Y desde esa cifra, cada día, contó una muesca en la pared. El discípulo supo que el preceptor era un ser admirable. Entonces conoció el sentido de la frase que el mentor había dictado a su oído antes de expirar: "¿Quién me sustituirá en cada instante de la vida que he vivido?".

Tercera parte
La Casa y el Padre

Pensamos quedarnos en la tierra.
Salvar el junco sin el viento.
No hay que pensar en la salvación de los cuerpos
por las almas.

Ramón Feria

1

Dos soles enarbolan
las hebras de los campos.
Una espuma ingeniosa

abre a la fuentecilla
hornacinas de oro
sobre el cristal del valle.

Las yerbas se reservan
para el curtido estambre
de vientos suaves.

Alguna col rosácea y unos
juncos miden el recoleto
sendero de magarzas.

Al fondo el laberinto
labrado entre las huellas.
En el huerto de la casa

que insinúa el verdor
fui niño ayer, hombre
y amante.

2

La roca

Un terraplén
(que robé a la montaña)
incluye vetas soberanas
y es el remedo de lo que fue antes
de morir entre mis manos.
Tiene restos de limo,
es verde y en el fondo de una pared
guarda una cara negra.
Vivió una gran explosión
y guarda herrumbre
del magma más compacto.
Los ojos blanquecinos de la pequeña roca
vieron tiempos cruzar por la planicie,
la caldera ascender y esparcir las cenizas.

No hay tiempo más que el tiempo
sobre mi exigua mesa.
Es parte del dilema.
En vano resistió ser inmune a los fuegos,
pervertirse en la historia y no desfallecer.
La insensatez la trajo hasta mi casa,
yo la hurté al sueño de ser toda.
Todos la vituperan en el hogar, y la rehúyen;
y yo la observo en su rincón.
No es preciosa, ni pulirla pudiera
y festejar su vida.
Es una roca simple, y por humilde
retiene los sentidos.
¿Qué destino veremos tú y yo juntos?

3

Junto al sendero con hierbas
y matorrales
vivió y cantó la vida
entre las tejas
que hoy son cenizas.
La casa está sobre el valle batida
por la brisa de la cordillera.
Hubo utensilios de labranza y fuego
y animales y ladridos
de perros que se acercaron
al calor de la lumbre,
palabras de amor y discusiones.
El eco de su eco es parte de un encanto
que vive en las paredes hoy rotas.
Y dicen "te quiero"
y más obscenidades.
Sobre una piedra oscura doy cuenta
de las flores del patio,
de lo que fue un jardín
con rosas y geranios.
Mi hermano bailó la peonza
por vez primera
al final del camino
y mi padre dictó lo que sería
en aquel tronco.
Observo el sol caer al horizonte.
Nada es igual todo es distinto;
el siempre es siempre,
eterno, afín, exacto.
Mas por vivir persisto
arrollado por signos que exaltan
el recuerdo.

4

La lluvia corre por el cristal.
Tras la ventana oteo
una tormenta negra.
Se extiende entre el abrigo
el cuerpo que acelera mi suerte
al agua fronteriza
entre rayos y truenos.
De pronto, sopla la brisa y el sol
seca las gotas de las lunas.
Fueron parte de la amenaza,
hijas del torrente y de la inundación.
Ahora existen y son juguetes
de un destino falaz.
Acaricio su ligera estructura
y ayudo a que vuelvan al ciclo
de una tormenta tropical,
de una pesadilla del desierto
o de una furtiva lluvia
de domingo.

5

El Guerrero

Las manos de las vírgenes cuidan
escrofularias y helechos. Nacieron
a la vida con un olor distinto.
Por entre el regocijo, el guerrero
creció. Y vieron desplegar sus finos
dedos. El pecho se formó y los ojos
abrieron una sed centenaria
y una luz indolente. Un sendero
de cactos señaló la armadura.
Los colmillos brillaron por fuera
de los labios. Fue un gesto útil preso
sobre el delirio que su perfecto hocico
brindó a la multitud. Las caricias
zumbaron sobre el talle. Contaron
brechas, marfiles prestos, victorias
sobre el día. La noche dio la forma
al cuerpo del vampiro. El cazador
contuvo un alarido y el clamor cruzó
por entre el chorro gris de sombras
y de anhelos al desplegar las alas.
Su esplendor de bravura se extendió
más allá del vigor. Brilló como la luna.

6

Joseph Conrad

Gocé y pensé los días manifiestos.
Su sombra invadió las brumas
del paisaje.

Atónito revivo los minutos que fueron
antes de entrar despacio en el
oscuro río.

Busco a otro hombre. Encuentro
un lenguaje que no conozco,
las ramas rotas,

hondo caminar por un sendero
incierto que la quilla del barco abre
y el agua borra.

Lo encuentro y está loco, y yo estoy loco.
Mi lenguaje no es mío ni el suyo propio:
son dos distintos.

El uno abraza el tiempo que denuncia; el otro
vive el tiempo que perdió. Nada recuerda;
todo se abisma.

7

Balthus: paisaje

La sombra es un paréntesis,
dos trazos claros
sobre el oscuro.
Un blanco enorme
llena el centro abrumador.
Unas sumisas briznas
alzan la capa fúlgida
sobre un limpio nivel
que la atesora.
El albo tiene ocres,
rojos, azules, verde,
un amarillo tenue.
El negro es argentino
sobre brunos fundidos.
La sombra es un encuentro,
la avidez explosión.
En el centro una nube,
una alargada crónica
de gas hipnotizado.

8

Elegía del Padre

para Domingo Hernández Llanos,
in memoriam

Te clavaron la lengua en el espejo,
fijaron tus mejillas, los labios obstruidos.
No libarán tu rostro ni tu suerte
para siempre jamás, ni gritarán
"levanta y anda".

(El espejo exponía reflejos.
Todos veían su ejercicio
en las pupilas rotas;
menos tú, tímido, marchito
entre sollozos.)

Un amarillo intenso retuvo
los sentidos. Congelaste la amnesia.
Solo, con una larga queja
temblando el corazón y
el pulmón en la angustia.

(En el fulgor del cielo los pájaros
croaban. El desfile en suspiros
recompuso el cerebro. Imágenes
son prebendas de tus razones
nuevas. Tu madre, mi madre,

la guerra, tus hermanos,
los vecinos, las riberas

del Ebro, Menorca,
la cárcel de los azules,
la embarcación perdida,

la morada extrema
del hospital que no
identifican tus ojos,
yo, tu padre, mi hermano
y los amigos muertos.)

Y no puedes probarte. Tu ser invicto
vive horizontal. ¿Qué sueño presentiste
sobre la tierra húmeda? ¿Qué sinrazón
gritó tu escasa lucidez para corroborar
el "basta ya de morir"?

(No he visto el paraíso mudado
en un alfanje, ni el resto de tu
rostro responde por su encuentro.
¿Viven como los ángeles los seres
que visitas?, ¿son las cosas austeras?)

Los dedos empujaron el féretro.
Las últimas miradas humedecen
las lágrimas. La tierra se oscurece.
Diminutas escamas de sal anidan
en los poros desiertos de la frente.

Un frío irregular y un color
triste disimulan el gesto del partir.
Porque te vas, te deportan de
la tierra que tocaron tus manos
y de los árboles que tu tino plantó.

(Eres un hombre sin ser hombre,
guardan tu carne que no es
carne, dictan tu suerte que no

es suerte, dicen tu nombre
que no es nombre, hablan

contigo que no oyes,
gritan que vuelvas y te vas
sin ser ya nada ni el de siempre
ni irrepetible ni singular ni duradero;
sólo un suceso de la historia.)

Te negaron la luz. Tapiaron
el tenue sol que oreara
tus huesos. Si vivo negaras
cualquier azote a la desmesura,
si desesperado habrías

de blandir al aire la razón
y tus manos, muerto
quieto disponen tu córnea,
tus músculos... No articulas
palabra ni tienes corazón.

(Un número de tantos,
un nombre, una fecha
grabada en mármol blanco,
una fotografía que mi madre
guardó de tu antigua batalla.

Lo que te aprovechó no te
sirve ni el espejo se empaña
y tú desguarnecido sin saber
para qué, porque desdora el tiempo
lo que el tiempo fundó.)

El ruido de la calle se traga
las miradas. Se volverá a oír
el mar cuando llegue la tarde.

El grito primigenio roerá los
estrados. La brisa de la cumbre

traerá aromas de los brezos,
de los líquenes húmedos,
el silencio templado de las vides
que tus manos cuidaron, los frutales,
el cauce de la acequia.

(Entre el cielo y la tierra
no crece ni una flor.
Las conducen las manos
hasta el cemento estéril.
No brotarán cabellos

ni volverás a hablar
ni serás el sustento
del limero, ni del jardín
frondoso que, para tu regocijo,
tu madre te plantó.)

Libro IV
La llama ardiente
[1998]

Cuando mi hijo Rubén sepa
interpretar lo que dice este librito,
habrá transcurrido mucho tiempo de
la causa que lo dictó. Entonces podrá
sonreír y vivirlo de otro modo.

voces en vano dio, pasos sin tino[1].
Luis de Góngora

1
voz de mi deseo[II]

i

Por la arena desnuda
una mañana ajusta
los tejidos nupciales.
La piel propaga
de la amada caudal de brumas
y eriza el dulce vello
—rayo en una cornisa,
luz sobre un bosque
    prieto.

ii

ahora piélagos de arena
cubren los senos
violáceos y la cadera ve
curvas.
una mirada arquea
la nueva astucia
en el vientre
desnudo.
la pericia agoniza sobre el sílice,
enmascara siluetas. es un sutil
estambre,
un dibujo de selvas.

iii

Al viento más opuesto
se enlazan las miradas
que asilan nuestros bosques.
Notas de un canto habita
el manantial.
Los guijarros reúnen la algarabía.
Y un estanque discreto
huye tu falda, los nudos
de las piernas. Tenue y
distinto peso
enhebra un fango dulce,
una morena piel
que resuma la plata,
el brillo del alfanje.

iv

Leño frágil
es tu pie dadivoso
y tu abismo gestual.

Los ramales de brazos
sellan una cabriola
en mi vista aturdida.

V

la playa azul, de la persona mía
mide nudos de sal
y es un enjambre el rumor
de la costa.
animales erguidos tasan
la fuga de la espuma en las rocas.
un cangrejo granate se acerca
hasta tu piel.
solo tú sabes si mi persona es
más que la playa azul que nos acoge,
si Neptuno aniquila el mar
en los abismos.
nada como la historia en el blanco
falucho que recorre las gradas.
vivo la luz en un pie de silicio.
en él pasta la vista,
y es colinas de verticilos
con miles de crepúsculos
y cientos de lunares,
poros reblandecidos
por los febles ribazos.

vi

no de blanca aurora
ni cuerpo adormecido
esta ofrenda de día apreciará
sin miramiento
ni esfuerzo ni atropello.
y dirá: "ya es
la hora".

nudos de agua tibia caen
a sus pies.
el rey de Canaima asalta
el ángel de cristal.
escaleras con sabor a café
y luces cinceladas conmoverán
trozos de la pared.

la acera enfrenta el sueño
a un abismo insondable.
no es un campo de amapolas,
un charco inmaculado, un desierto
imprudente, un verde
prolongado con matices serenos, azules
cautelosos y audaces marrones;

juncos que en la tiniebla
cantan gotas de albor
y de suaves perdices que corren
en la hierba. son las cifras
sobre una mesa quienes recordarán
que ayer soñé contigo, que até los nudos
del traspontín a tu cuello,

184

que descifré la brisa,
el mar, la luna. y espero
que la aurora no de blanca
redima el cuerpo
y regrese al abismo horizontal
de seda bien labrada
donde mi hechura vive.

para ver el tesón que atesoraste
por calzadas y plazas,
por calles y avenidas,
por laberintos de laberintos presos,
por salidas que añoran ansias
de Minotauro, en mesas
gráciles y en hojas
sin luz.

vii

y con velas de pluma es blanca nave
que recorre las gradas del ocaso.
los amantes se pierden; los soles
los distancian.
en floridos retoños la luz
agrede al mar,
la brisa.

viii

Perla enlazada, sí, no dividida,
un canto sobre el mar
que el cielo une.
Dos aparentan ser y solo uno,
un rojo sobre el blanco, negros fulgores y
una cadencia presa en el abrigo.

2
En una noche oscura[III]

i

la pólvora del tiempo
estalla entre sus manos.
no hay vacío ni añicos
ni ronda su rechazo la vida
de los años.
Perviven las estampas
que los días unieron:
un perfume de nardos, un Chanel
hosco, varios infusos cielos de jazmín,
algunas músicas y rumores
formaron la cárcel que fue
de la memoria.
es un túnel confuso el vivir
en mañana;
ayer muy cierto fue.
en la sombra subsiste
contado por la pugna
y algunos suspiros.

ii

del pájaro nevado
fue testigo el encanto

y ahora mudo soy,
témpano a la deriva

iii

siempre niñez de sol
fue hoy, ayer, mañana.
mudo ardor amanece
en las rocas. un cielo bien
dispuesto
habita el montículo
de espuma.
el perfume de sal
enuncia un cuerpo
indemne.
nadie sabe morir
bajo el sol de la tarde,
verano hoy, ayer, mañana.

el otro es un suspiro.

iv

en tronos de cristal campos de plata
arrullan pétalos
exhaustos.
partir es un finar sobre la noche
fúlgida,
tutelar en el viento
la mengua de la dicha,
anudado a las brozas
de un corazón confuso.

v

¡oh, de mortales miserable suerte!
la tarde ya se anuncia, los cantos
traen murmullos por entre los esconces.
los primores de amor callaron la amatista.
el tiempo es la alusión.
la piel degusta rosas
que fueron soles,
sombras que fueron
brisas.

vi

vuelto, el fuego, la tierra, el agua, el viento
a oponer el decir a un sol, a un rojo amanecer,
con impiedad escribe: la torre lo defiende,
el cielo se estremece y de su lápiz surge
una imagen de voz. vana armadura
invicta, dura memoria opaca.
¿qué pregunta responde,
qué ojo habita
el mundo,
qué mece
los cabellos,
qué árbol cede al céfiro?

vii

Ribete uno

El funesto ciprés, la sacra oliva,
el olmo bien plantado, la tarde
toda, confín es de un delirio.
Alcoba, el tiempo; y el sueño,

un llano entre la niebla, un canto
de jilguero y un laurel.
La selva de la vida es un fortín
hollado. Entre la sombra enhiesta

la luna aguarda. La lobreguez implora.
El campo abriga. El verdor
se repite con los años.

Otra canción del mundo mejor
pudiera vencer la sacra oliva,
el funesto ciprés.

Ribete dos

El funesto ciprés, la sacra oliva
el olmo bien plantado, la tarde toda
confín es de un delirio. Luna acomoda
la estancia, el tiempo, el suelo, la altiva

plenitud hollada entre un ardid supuesto.
El astro aguarda. La lobreguez implora.
El campo ata. Voz prestidigitadora
repite con los años el son impuesto.

Un llano entre la niebla, un pleno canto
de jilguero y un laurel angosto viste.
La selva de la vida es un acopio triste.

Otra canción del mundo suma el encanto.
La sacra oliva elogiará al que resiste.
Del funesto ciprés, el brete insiste.

viii

la voz poblar la ya frondosa tierra
acaso mida igual que mi destino
huesos a la deriva sabrán contar los años
los míos ya vencieron palabras y suspiros

ix

ser más grata la música del viento
que el silencio postrero del albor

3
la pavorosa sombra fugitiva[IV]

i

menos luz debe
su infiel ternura que trasver
en el mar una tímida lona.

son de ti estos demonios
que navegan
por entre las Hespérides.

tanto tesón impones,
tanto delirio que
vivo de la ausencia.

la luz forja ventura sobre el hombro
solaz, la noche predice tu venida.
soy solo en la escollera.

¿qué puedo desear?,
¿años que son
lamentos?

suplicios de inocente
cantan
sobre tu risa.

ii

Ribete uno

ser de la negra noche
burlar las
prevenciones
que bajo el torso viven.

amigabas la luna con suspiros,
mitigabas asombros
y el pedregal tendió
sobre el amor las ruinas:

fueron frunces de sábanas,
vientos frescos, chapiteles
y jazmines lucífugos.

un llano horizontal para ofrecer
          hechizos
a otro cuello beatífico.

Ribete dos

Ser de la negra noche
               burlar los
               recelos
bajo el torso en reproche.

Amigabas la luna. Un suspiro
       mitiga el asombro
       y del azar trasnombro
       sobre el amor que fuerzo.

Fueron frunces de sábanas,
vientos frescos, chapiteles
y un jazmín lucífugo.

De un llano horizontal, vanas
                  tutelas
desde un cuello vermífugo.

iii

Vírgenes flores veneraban
el olor de una vida
nostálgica.
Son plantas
de pistilos abiertos.

Bordea la deriva cuerpos
heridos por los años
y un persuadir
perplejo
sobre las olas.

La vista es a la luz
como el pincel retoña
y mide por igual candores y alaridos,
pasos adolescentes en la arena
desierta.

iv

perlas vomita el mar, vierte corales
sobre tu pelo.

es un deliro grato el talle,
si mirarlo pudiera
y no ser mío más allá del ardor.

la playa remece su estambre.
el viento dolorido reparte entre la ronda

un divino candor,
perfume suave y terso raído
por el sol.

v

El vivo resplandor, la llama ardiente
que prende el corazón y en la caterva
me orienta adormecido cual un pájaro ciego.

Anido entre tus manos la ausencia.
Adivino el encanto y se aleja tu vista por la grada
sin saber del pavor que en mí brota.

Vive, resplandor, la llama
queda, ardiente,
en la contienda.

vi

su inmenso pie que en el abismo entierra
corazones poblados. ahora solo cuenta
un ángulo vidrioso que ve morir
los párpados, los ojos y la lengua

del color copia[v]

i

hebras al sol que en su luz ardía
blanco en la tarde hontanar plácido
historia erguida voz líneas bosque
selva de musgos

un alto surtidor

ii

oblicua proporción distinto espacio
tiene el mar
varado en el poniente.
horizonte es obsequio de la luz:
un himno megalítico,
sollozos de la arena,
espuma entre las piedras,
un fúlgido mirar,
un brillo grato,
espejos sobre el gris, el negro,
el azul y un verde
pasmoso

iii

desorden de luz en lato vuelo
trae aromas de aurora y de dulzura
desde el acantilado que el mar distrae.
éter sobre la nada,
nada sobre la brisa
y un chorro de fuego sobre el ala
inocente.
zurra el muérdago y avanza
como el cielo sobre la estampa
lóbrega.
observa la indolencia,
página blanca
en que anotar
quién fue
tendido el horizonte.

iv

en infinita copia el canto aúna
lo que fue, lo que vendrá a recordar
el tiempo y la armonía.

una luz alba habita en el torrente:
docenas de palmeras, un tenue
surtidor, jardín concupiscente.

sesgo abisal, frontera
indemne, cuesta cantar
azur como el delirio.

la lengua recupera indómitas
palabras, vocablos que la asignan
y labios que suspiran.

v

a tesoros de luz abrió las llaves
y un mosaico de himnos las corea.
aguas de infinitos murmullos,
cielos con lunares de estrellas, el origen
del mundo.

las voces dictan lábaros,
encienden los pistilos y soplan los estambres.
nada más ingenioso habita
en la mirada, el rutilar certero,
la argucia   y el

suspiro.

vi

compita con el sol, sujete el prado
y nombre los rastreos...

millares
       de amapolas,
cientos
       de tréboles,
decenas de tomillos, jícamas,
salvias, malvas,
vislumbres que se anudan.
dulces eufonías
parcas escapan,
encierran y disuaden
cubrir y remitir
al vértigo
       insondable.
razona, se detiene,

       avala.

vii

modelaba el fulgor de luces
la salida del sol
la amnesia de la noche
rotula un nuevo instante
la arena arguye el canto
los cantos la secundan

el agua la abastece
y un pájaro dice
dos frases incendiadas
una gaviota vuela sobre
el manto del mar
el pez no huye

viii

morena, pero hermosa
avizora el soborno
de ver como la vida
se arrastra por las rocas

el sur sale al encuentro
el agua se enarmona
y la tierra se alza
sobre el llano mayor

que el adobe del suelo
por verse en la viveza
contada por el tiempo
suspira la deriva

Nota final

En diciembre del año 1994, hube de permanecer muchas horas en un hospital de la isla de Tenerife a causa de una enfermedad de mi hijo. Para mitigar la espera, la desazón y la soledad solía comprar periódicos, revistas y algunos libros que se saldaban en una tienda de ese centro. Entre otros muchos encontré la *Antología de la poesía culterana* de Ángel Pariente (Madrid, Júcar, 1980) y aunque ya formaba parte de la colección "Los Poetas" que poseía, la adquirí de nuevo.

Fue un simple juego lo que me movió a anotar versos en un cuaderno de tapas rojas; y esos versos dieron una escritura incipiente que con el transcurso formó poemas y más tarde este libro.

Salió de aquella nebulosa, que dictaba el silencio, con mar y luz y follaje... Nada de lo que supuso la espera —feliz, por otra parte— está en el texto.

El orden se complicó y la célula originaria (de parecido modo a como ha ocurrido en otras ocasiones) se dividió en cuatro.

Las páginas precedentes dicen del resultado. Mas para que se tenga entera noticia del decurso original (y aunque la lectura y las anotaciones fueron sucesivas) en el texto aparece el verso robado en cursiva y ahora señalo al poeta y al poema del que están copiados. Entre corchetes doy cuenta de la página del libro (ya citado) en el que se encuentran.

El verso "voces en vano dio, pasos sin tino" lo encontré más tarde, cuando el poemario estaba ya formado y casi concluido. Los subtítulos interiores, también.

[1,i] Luis de Góngora, "De la toma de Larache", verso 2 [p.49]. [1,ii] *Ibídem*, v.29 [p.49]. [1,iii] *Ibíd.,*

v.52 [p.50]. [1,iv] Ib., v.55 [p.50]. [1,v] Luis de Góngora, *ibíd*. ["Canto de Polifemo"], v.60 [p.56]. [1,vi] Conde de Villamediana, "I", v. 4 [p.87]. [1,vii] "Fábula de Faetón", v.267 [p.96]. [1,viii] Antonio de Paredes, en "Rimas", v.69 [p.123]. [2,i] Luis de Góngora, "Soledad Primera", v.29 [p.57]. [2,ii] Luis de Góngora, "Al Conde de Villamediana, de su «Faetón»", v.6 [p.72]. [2,iii] Juan Bermúdez Alfaro, "El Narciso", v.34 [78]. [2,iv] Conde de Villamediana, "Fábula de Faetón", v.48 [p.90]. [2,v] *Ibídem*, v.71 [p.91]. [2,vi] *Ibíd.*, v.111 [p.92]. [2,vii] *Ib.*, v.201 [p.94]. [2,viii] Juan de Jáuregui, "Orfeo", v.2 [p.105]. [2,ix] *Ibídem*, v.58 [p.106]. [3,i] Luis de Góngora, "Fábula de Polifemo y Galatea", v.11 [p.51]. [3,ii] *Ibídem*, v.14 [p.52]. [3,iii] Juan Bermúdez Alfaro, "El Narciso", v.2 [77]. [3,iv] Conde de Villamediana, "Fábula de Faetón", v.304 [p.96]. [3,v] *Ibídem*, v.473 [p.101]. [3,6] *Ibíd.*, v.6 [p.105]. [4,i] Conde de Villamediana, "A la misma Lisses", v.11 [p.88]. [4,ii] Conde de Villamediana, "Fábula de Faetón", v.5 [p.89]. [4,iii] *Ibídem*, v.129 [p.92]. [4,iv] Juan de Jáuregui, "Orfeo", v.18 [p.105]. [4,v] Pedro Soto de Rojas, "Los rayos del Faetón", v.4 [p.109]. [4,vi] *Ibídem*, v.71 [p.111]. [4,vii] *Ibíd.*, v.157 [p.113]. [4,viii] Pedro Soto de Rojas, "Mansión segunda", v.65 [p.118].

Los versos de la presentación y las partes del libro:

I. "Descaminado, enfermo, peregrino,/ en tenebrosa noche, con pie incierto,/ de confusión pisando del desierto,/ *voces en vano dio*, pasos sin tino", del soneto "De un caminante enfermo que se enamoró donde fue hospedado", de Luis de Góngora y Argote. (La cursiva es mía.)

II. Francisco Manuel de Melo, "Lágrimas de Dido".

III. San Juan de la Cruz, "Canción del alma que se goza de haber llegado al alto estado de la perfección, que es la unión con Dios, por el camino de la negación espiritual".

IV. Sor Juana Inés de La Cruz, "Primero sueño".

V. Lope de Vega, *La Vega del Parnaso*, "Silva moral".

El título general está sacado de:

El vivo resplandor, *la llama ardiente*,
si no se enfrenta ya, cesará cuando
sorbido tenga el rígido torrente
del undoso elemento el seno blando.

Juan de Tassis y Peralta, Conde de Villamediana,
Fábula de Faetón. (La cursiva es mía.)

Bibliografía activa

1982: *La poesía de Rafael Arozarena*, Santa Cruz de Tenerife, HA ed. (ensayo).

1982: *hEcatoMbe* (*plaquette* de poesía), Santa Cruz de Tenerife, HA ed.

1983: Funda la revista *LC/Materiales de Cultura Canaria* y la editorial del mismo nombre.

1984: *Triángulo* (*nouvelle*, LC Complementos, narrativa), Santa Cruz de Tenerife, HA ed.

1986: *El ojo vacío*, Santa Cruz de Tenerife, Caja General de Ahorros de Canarias (novela).

1986: *Ilión, Ilión o Troya irresurgente*, Cabildo de Tenerife (ACT/Poesía).

1989: *Taller de tránsfugas*, Santa Cruz de Tenerife, HA ed. (poesía).

1989: Funda la revista *La Página* y la editorial del mismo nombre que dirige ininterrumpidamente hasta 2018.

1991: *Arbusto en el pantano*, Madrid, Endymion (poesía).

1995: *Roberto Arlt, la sombra pronunciada*, Barcelona, Montesinos (ensayo).

1995: *Los cuentos de Roberto Arlt*, Secretariado de Publicaciones, Universidad de La Laguna (ensayo).

1995: *Narrativa corta completa* de Roberto Arlt (dos tomos), Secretariado de Publicaciones, ULL.

1998: *La llama ardiente*, Madrid, La Palma (Ministerio del aire) (poesía).

2000: *No más que la mañana (poemas, 1986-1999)*, Col.lecció Poesía de Paper, Palma de Mallorca.

2003 *Luis Mateo Díez: los laberintos de la memoria* (con Asunción Castro Díez, eds.), Santa Cruz de Tenerife, La Página (ensayo).

2006: *Surrealismo siglo 21*; Gobierno de Canarias (ensayo).

2006: *Todos los días*, Santa Cruz de Tenerife, Idea (poesía).

2007. Versión castellana de *Faithful* (*Fiel*), de Chazz Palminteri, que se estrenó el día 2 de febrero de 2008 en el Auditorio Adolfo Marsillach de San Sebastián de los Reyes, Madrid (traducción, teatro).

2009: Versión actualizada de *El ojo vacío,* Santa Cruz de Tenerife, Idea (novela).

2009: Aparece *El cazador de moscas*, Santa Cruz de Tenerife, Idea/La Página (relatos).

2009: Con materiales de *La Página* 20 *años después* edita los libros de ensayo *Entre siglos: del neobarroco a las siete plagas, La América del porvenir, Textos sin contexto, Narrativa europea contemporánea* e *Isla vanguardia*.

2010: Aparece *El traje del fantasma* de Roberto Arlt (edición, notas y estudio de Domingo-Luis Hernández).

2010: Aparece *Los senos de tinta. Erotismo y surrealismo* de Pedro García Cabrera (compilación, edición, notas y estudio de Domingo-Luis Hernández). Es un libro especial porque, aparte del esencial texto de García Cabrera, se da a conocer, con un ensayo de Sarane Alexandrien y la aportación de imágenes, un pormenorizado estudio sobre el erotismo en el surrealismo.

2011: *Cartas portuguesas de la monja Mariana Alcoforado* (traducción, notas y estudio de Domingo-Luis Hernández).

2011: *Erich el zurdo*, Santa Cruz de Tenerife, La Página (novela).

2013: *Perfil del tiempo*, que reúne los libros *Arbusto en el pantano, Todos los días* y *La llama ardiente*.

2013: Aparece *De la zozobra a la certidumbre de la muerte: Antonio Tabucchi*, Santa Cruz de Tenerife, La Página (ensayo).

2013: Aparece *De sus propias cenizas (Poesía 1953-2008)* de Rafael Arozarena (compilación, edición, notas y estudio de Domingo-Luis Hernández), Santa Cruz de Tenerife, La Página (Sur.Real).

2014: Edición crítica de *Fantasmas del invierno*, de Luis Mateo Díez, Barcelona, Castalia (Clásicos Castalia. Narrativa. Siglo XXI).

2014: Aparece la *Obra completa* de Agustín Espinosa (compilación, edición, notas y estudio de Domingo-Luis Hernández), Santa Cruz de Tenerife, La Página (Sur.Real).

2021: *Veneno en el paraíso*, Madrid, Mercurio (novela).

2022: *Angostura*, Madrid, Mercurio (relatos).

2023: *Luis Mateo Díez: El reposo de los muertos*, Berlín, Peter Lang (ensayo).

2023: *Un otro Borges*, Barcelona, Montesinos (ensayo).

2023: *Una literatura vertebrada*, Madrid, Mercurio (ensayo).

2023: *Mitosis*, Madrid, Vitruvio (poesía)

La trama que registra este libro, *Historias encontradas,* no es un resumen, es una continuidad.

Todo comenzó en el año 1982, año en el que di a conocer mi primer muestrario poético, una pequeña *plaquette* que se nombró *hEcatoMbe* y que contenía poemas legibles. Ello ocurrió después de emborronar páginas y más páginas inservibles. Como tales fueron destruidas, labor (la destrucción) digna de poeta. A ello siguió, cuatro años después (1986), el primer repertorio verdadero y acabado, *Ilión, Ilión o Troya irresurgente.* Se publicó en la interesante colección de la ACT (Aula de Cultura de Tenerife) por mor de mi amigo Rafael Fernández que lo conoció en manuscrito. Ese libro dio inicio a una actuación en letra que continuó durante mucho tiempo (*Mitosis,* 2023).

Lo que fija la estrategia de las primeras entregas poéticas, dos, es el caudal mitológico. Por eso el juego que construye el título definitivo, el título que ahora (2023) reúne los cuatro momentos del itinerario es *Mitosis.* Es decir, y literalmente, la división en dos de la célula. Para la ocasión, el par 4 que sale de la segmentación 1-2 (los dos primeros libros en continuidad, *Ilión, Ilión o Troya irresurgente* y *Taller de tránsfugas;* los dos siguientes asimismo: *De caudales y muros* y *De una orilla a otra orilla*); esto es, de uno a dos, de tres a cuatro. También el título hace referencia expresa al universo mítico, por más la enfermedad por el mito. La continuidad temática, digo, se atisbó con la publicación del segundo de los textos que componen esa serie, *Taller de tránsfugas.* Vio la luz pública en el año 1989. Luego la interrupción hasta fijar el conjunto (los cuatro libros ya nombrados), y después de acomodar la experiencia poética más resolutiva, fijar el conjunto en 2023. Lo que queda de *Ilión* en *Mitosis* es casi igual a lo que se leyó en el original; lo que queda de *Taller de tránsfugas* no. Por eso, frente a la experiencia que fue *Perfil del tiempo* (2013), en el que solo di a la estampa los tres libros de la etapa intermedia, en este caso no me resisto y alargo el tiempo del recorrido con ese libro, *Taller de tránsfugas,* como arranque, como primera trama. Lo doy a conocer aquí (frente a lo que ocurre en *Mitosis*) tal cual resultó en la experiencia inicial, con las parcas correcciones oportunas.

Lo que se muestra en las páginas anteriores de lo que ha sido mi poesía es lo que el tiempo fijó desde entonces. Consuena el cuarteto *Arbusto en el pantano* (1991), poesía discontinua, poesía en disparidad, poesía en búsqueda, poesía en riesgo funcional (poético) y temático. Eso ampara las partes, con sus títulos correspondientes que separan instancias de sentido y de construcción. Y de ese modo se proyecta la instancia de *Todos los días* (2006), desde el amor, la urdimbre metafísica, el hogar y la muerte del padre. Y de ahí al juego en *La llama ardiente* (1998), el juego desde el barroco, con el barroco.

Lo que da a entender el recorrido que reúno para el caso son verdaderas historias encontradas. Y lo son porque siempre me he resistido a repetirme, incluso cuando la paridad temática (*Mitosis*) parece imponer ese registro. Nunca. Asumo no tanto la disparidad cuanto la inquietud para que cada uno de los libros que he compuesto y acaso componga en el futuro se asuma por su intratabilidad. De ahí el título que parece jugar con la prosa, y prosa factual, mas, cual se aprecia, no lo divulga. Propuesta (dispongo) que incardinó en ingenio el impar Rubén Darío con sus *Prosas profanas.*

Cuando el tiempo, el transcurso, señala los límites, que se cerrarán con nuevos poemarios de tema uniforme (ya apareció el primero, *Mitosis*), creí preciso volver atrás para, en siendo lo más fiel posible a la escritura original, cual Borges defendió, poner término preciso a las iniciativas. Y eso ocurrió a lo largo del año 2020.

Las páginas precedentes dan cuenta de lo que ocurrió y son definitivas.

Los libros de los que sale este compendio son:

1. *Taller de tránsfugas,* Santa Cruz de Tenerife, HA ed., 1989.

2. *Arbusto en el pantano*, Madrid, Endymion, 1991.

3. *La llama ardiente*, Madrid, La Palma (Ministerio del aire), 1998.

4. *Todos los días*, Santa Cruz de Tenerife, Idea, 2006.

Índice